余宏 赵帆 编著

weiqi ruduan jiaocheng
围棋入段教程

序盘

构思的

秘密

X UPAN GOUSI DE
MIMI

清晰、高效的**进阶之路**

成都时代出版社
CHENGDU TIMES PRESS

图书在版编目（CIP）数据

围棋入段教程．序盘构思的秘密 / 赵余宏，赵帆编著．-- 成都：成都时代出版社，2024.12

ISBN 978-7-5464-3372-1

Ⅰ．①围… Ⅱ．①赵… ②赵… Ⅲ．①围棋－教材 Ⅳ．① G891.3

中国国家版本馆 CIP 数据核字 (2024) 第 020967 号

围棋入段教程：序盘构思的秘密
WEIQI RUDUAN JIAOCHENG:XUPAN GOUSI DE MIMI

赵余宏 赵 帆 编著

出 品 人 达 海
责任编辑 李 林
责任校对 樊思岐
责任印制 黄 鑫 曾译乐
装帧设计 成都九天众和

出版发行 成都时代出版社
电 话 （028）86742352（编辑部）
　　　　 （028）86615250（营销发行）
印 刷 成都蜀通印务有限责任公司
规 格 185mm×260mm
印 张 17.75
字 数 284 千
版 次 2024 年 12 月第 1 版
印 次 2024 年 12 月第 1 次印刷
书 号 ISBN 978-7-5464-3372-1
定 价 60.00 元

前　言

　　序盘是围棋中盘战之前的阶段，是一盘棋的骨骼。它决定全局的方向，所以根据构思的不同，棋的形势也会相应不同。

　　在序盘阶段，面对空旷的棋盘，需要审时度势，缜密计划，做到全局在胸。序盘阶段的好坏，会导致中盘战斗的主动与被动，甚至决定整局棋的胜负。

　　由此可见，序盘的构思在一局棋中相当重要，它要求棋手占据更重要的位置，夺取更大的实空。只有充分发挥子效，才能在中盘战中占据优势。为此，本书介绍了序盘构思的四要素。

　　1. 关于定式的思考方法，特别要注意定式的灵活运用，定式的选择必须服从全局。

　　2. 抢占与根据地利益攸关的位置，也就是"急所胜于任何大场"。

　　3. 掌握攻防要领，要胸怀全局，力争主动，抓住战机，抓住对手弱点给予决定性的一击。

　　4. 把握大模样作战的局面，迅速发现和抢占那些事关双方形势消长的要点。

　　只要记住和掌握好这四要素，你的序盘构思水平就会大大提高。构思是创造的乐趣，为使广大读者得到这种乐趣，本书精选了实战中特别实用又便于理解的问题图。读者随着问题的解决对序盘产生新的思考，从而进一步提高自己的棋艺水平。

本书在编写过程中，得到围棋界诸位专家的大力支持与帮助，在此致谢。

见此图标 微信扫码
走进围棋入段"云"课堂

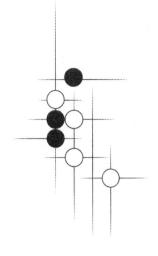

目　录

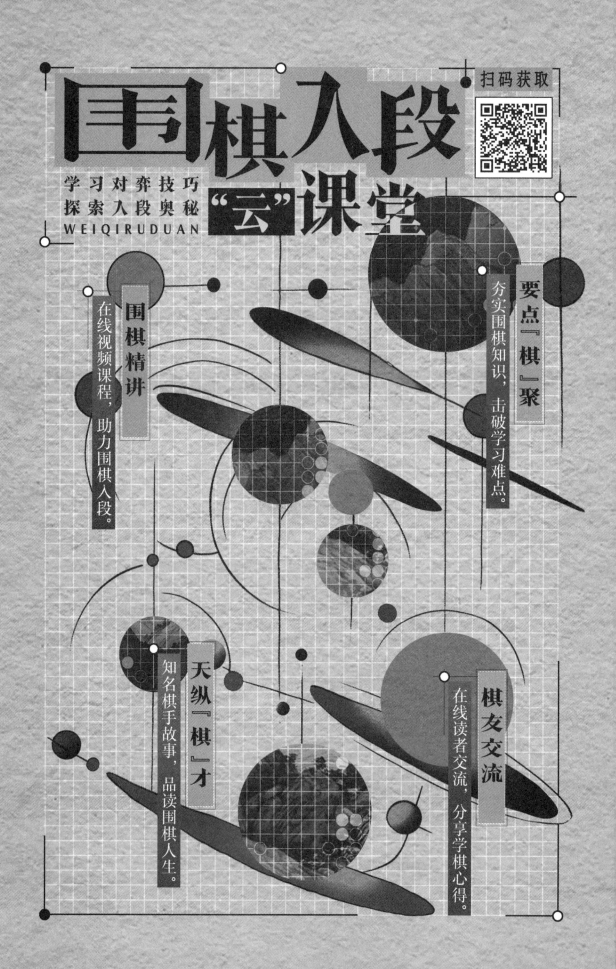

第一章

序盘中的定式活用法

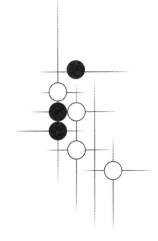

　　所谓定式，就是在序盘阶段黑白双方在角部的正确应对，也就是双方互不吃亏的最佳变化。

　　角部的战斗如按定式走棋，大致就会以势均力敌而告一段落。如果变化结果只对一方有利，就不能称其为定式。但是，这里还有一个局部和全局的关系问题。例如，定式的选择和定式的变化因周围情况而异。既有局部吃点亏，但于全局有利的定式；也有局部势均力敌，但从全局来看效果并不好的定式。

　　因此，在序盘中选择定式必须做到以下两点：（1）定式不是绝对的，要树立"定式是相对的"观念。（2）围棋不是局部的存在，要具有"全局"的观念。

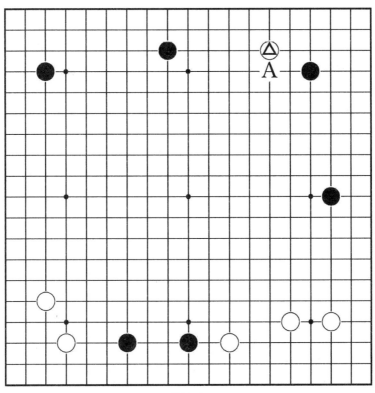

图 1-1

（图1-1）黑布局以"中国流"开始，白在下边形成两个守角相对抗。

现在，白△挂角是最大的一手，否则黑A位单关守角很大。在此，黑如何选择定式呢？

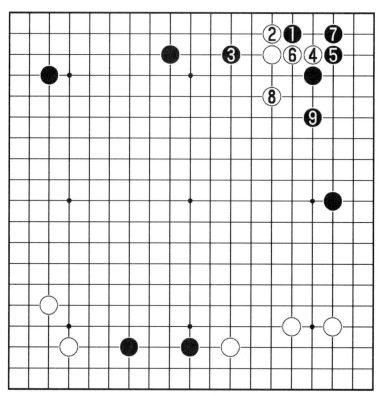

图1-2

（图1-2）现在，黑棋在上边及右上已形成一定的模样。面对白棋的挂角，黑1飞攻是最佳的一手。

这样，既可守住角空，又可对白一子进行攻击。

白2挡，大致如此，黑3反夹是有力的一手。白4跨时，黑5、7守住角空十分大。以下至黑9止，黑在两边获得实空的同时，仍可对白棋继续攻击，黑好调。

白4如在6位冲大俗手，被黑4位挡后，白难受。

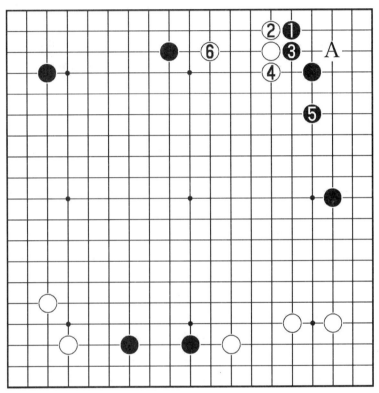

图 1-3

（图1-3）对白2挡，黑3贴后，再于5位跳，角空虽然增大了，但不能满足。因为，白6拆后，上边基本获得安定。相反，左上的黑棋相对变薄了。本图的结果当然不能说黑棋不好，但明显不如前图积极。

黑3的贴，主要是防止白A位进角的各种手段。

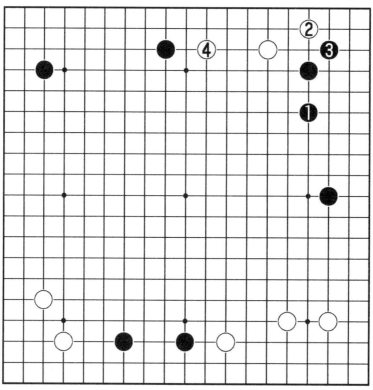

图1-4

（图1-4）黑1跳，是平凡而乏味的着法，这在业余低段棋手对局中经常可以见到。

白2飞角后，再于4位拆二成必然。这虽是基本定式，但黑棋的大局观明显有误。因为，白棋在获得安定的同时，黑角空变小，而且左上也变薄了，黑棋失败是必然的。

由此可见，定式的选择必须服从于全局。

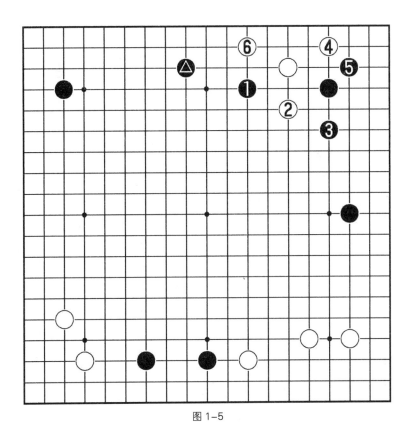

图1-5

（图1-5）黑如采用1位一间高夹，看似严厉，实际是一步大恶手。

白2跳出必然，黑3跳应，白4、6两边飞后已成安定形，白十分充分。

本图的结果，由于黑1的夹攻已失去作用，且黑△子的效率也变低，显然失败。

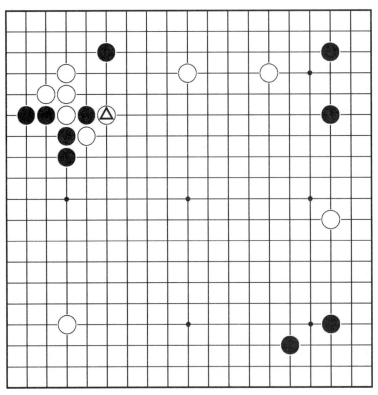

图1-6

（图1-6）左上角是"双飞燕"形成的基本定式。

现在，白△打吃是必然的，黑如何选择定式呢？此时，白的目的是让黑后手补左边，然后，对上边的黑一子进行攻击。

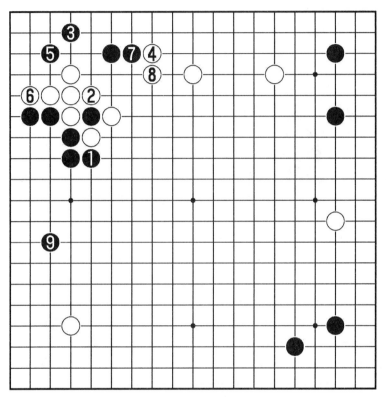

图 1-7

（图1-7）黑1拐吃是此际的急所，也是行棋的绝好次序。

白2提是必然的一手，然后黑3、5顺其自然做活。白6挡时，黑7先手顶一手后，再于9位拆回左边的大场，黑好调。

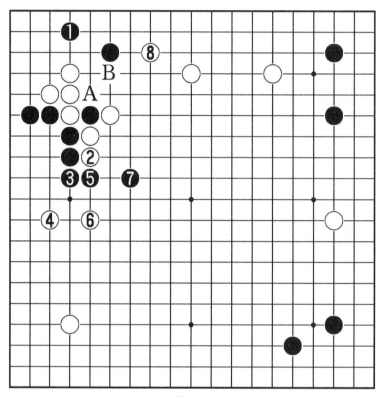

图1-8

（图1-8）黑1如单飞角，则是次序有误。

白2压，急所。左边黑四子顿时变薄，而且A位的跑出也不成立，因白有B位的枷吃。

黑3长出必然，白4夹攻严厉，黑5拐，白6继续追击，同时在左下角形成理想形。黑7跳出后，白8再攻击黑上边，白充分可下。

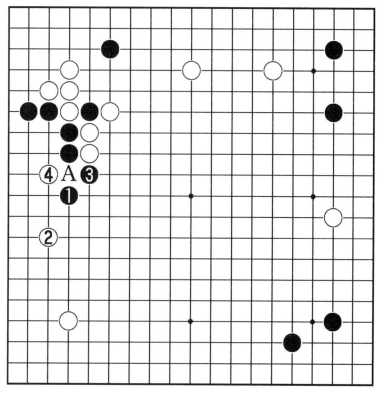

图 1-9

（图1-9）对白棋压，黑1跳如何？

白2反夹，即使于A位挖，也是很有力的厚实下法。黑3虎，白4点颇为严厉，黑无后续手段，明显处于苦战局面。

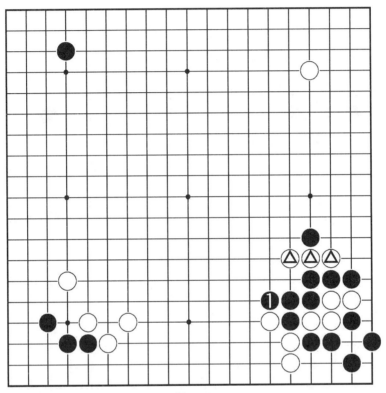

图 1-10

（图1-10）由于白棋脱先，黑1拐头是此际必然的一手，这也是绝对不能放过的急所。

可以设想，如果被白棋抢到1位，其作用之大是很明显的。白棋下边配置不仅变好，而且白△三子也可以作为势力而发挥作用。对于黑棋来说，则希望把这三子作为攻击的目标。

那么，白棋如何应对呢？

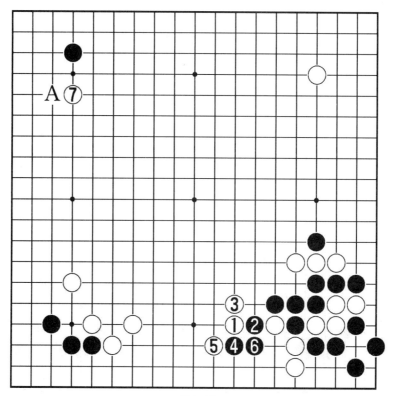

图1–11

（图1–11）白1跳，是此际轻灵的下法，着法颇为漂亮。

黑2打吃必然，白3弃子很有魄力，以下至白7挂角后，白在中原已构成广阔的天地。白7如果挂在A位，就貌合神离了。

由此可以看出，对于定式只知道着法的顺序，而不知道它深层的含义，就说明还没有真正理解定式。

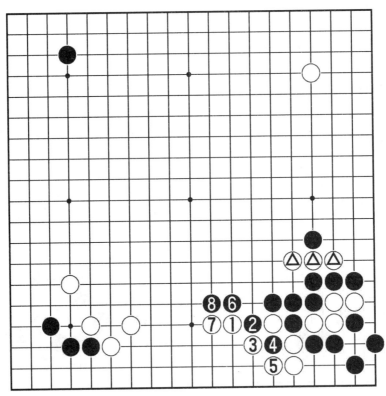

图 1-12

　　（图1-12）对于黑2打吃，白3、5应对虽是局部手筋，但在这个局面中就显得有些平淡。

　　以下进行至黑8压，白棋虽然得到实地，但是处于低位。问题的关键是紧靠黑棋的白△三子，是作为势力发挥作用呢，还是变成被攻击的目标呢？如图则变成被攻击的目标了，显然不能满意。

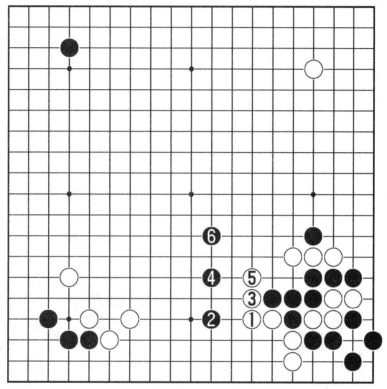

图 1-13

（图1-13）白1位长，大多数人都会这样下，很有代表性。

黑2夹攻是相当严厉的一手，这样一来，白棋左右被分割，成了被攻击的对象。

白3拐，黑4跳，以下至黑6跳出，白棋显然以失败告终。

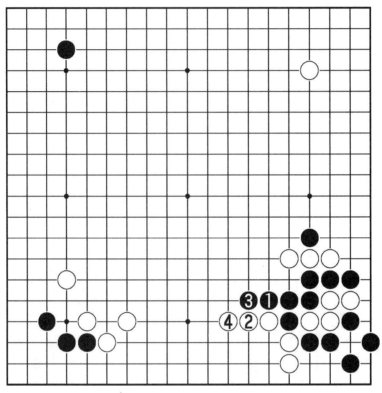

图1-14

（图1-14）白2长时，黑3如随手压则是大俗手。被白4长出后，对此白没有什么不满。

由此得出这样结论，白2长出，过于笨重，黑3压，俗不可耐，这些着法说明双方都还没有理解定式的真正含义。

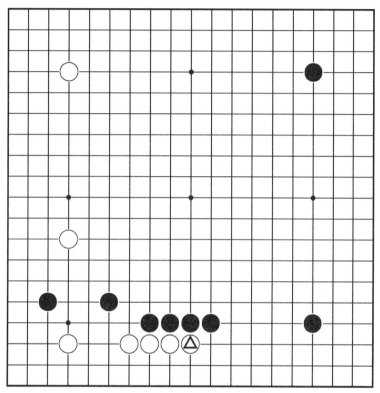

图 1-15

（图1-15）黑棋的目标是想以右边的二连星为背景构建大模样。

在此，白△已经多爬了一着，是有其目的性的。那么，白棋的下一手，应该下在哪里呢？

请充分考虑黑棋的配置情况。

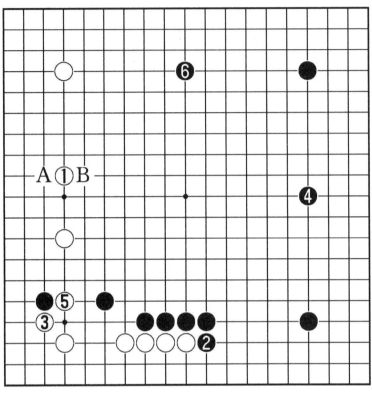

图 1-16

（图1-16）白棋既然多爬了一着，在这里脱先就成了必然。

白1在左边拆是当务之急，左边如被黑棋分开，主动权就将落入黑棋手中。

黑2拐是必然之着，白3尖顶时，黑4构成三连星是积极的下法，以下至黑6拆，双方的布局堂堂正正。

白1如下在A位不好，因留有B位镇的弱点。由此可见，在这个局面中，黑棋在右边形成大模样的可能性很大，中央将成为主战场。因此，即使只向中央靠近一步，也要争取下在高位。

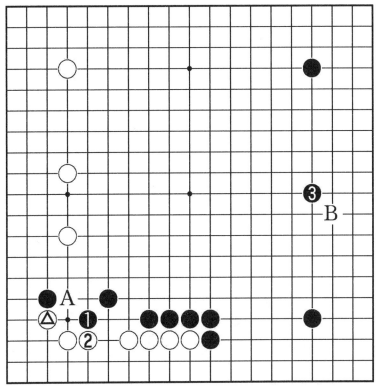

图1-17

（图1-17）白△尖顶时，黑1先和白2交换一手也是可行的，这样，将缓和白A位的扳。

黑棋腾出先手后，仍要抢占3位的大场。黑1如不加思考随手在A位长是平庸之手，被白在右边B位分投后，黑有落空之感。

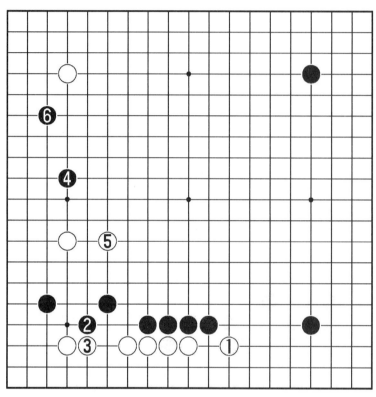

图 1-18

（图1-18）白棋如在下边1位跳出，是贪图眼前小利的着法。

被黑2先手得利后，黑棋以强大的厚势为背景于4位反夹。至黑6挂角，局面的主动权就完全落在黑棋了。

作为白棋，让黑棋的厚势发挥作用是不行的。

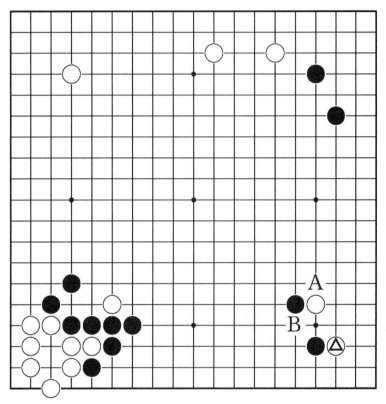

图 1-19

（图1-19）白棋走⊖位托，黑棋有几种应法。A位扳和在B位退都是常见的定式，但是究竟走哪一个好呢？

请仔细看全局再做定式的选择，黑棋会得到满意的结果。

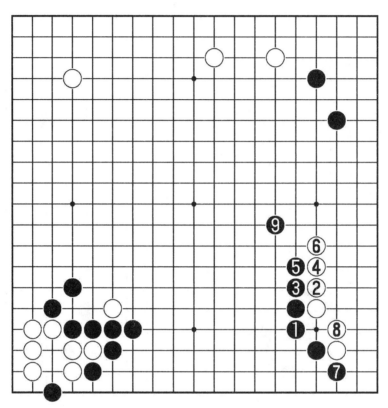

图 1-20

（图1-20）黑1退，是此际的正确下法。因为，左下角黑棋有强大的外势。所以，选择的定式一定要和左下的外势配合起来。

白2退本手，黑3、5连压思路连贯，黑7先手扳后，再走9位飞，构成大模样，气势恢宏。

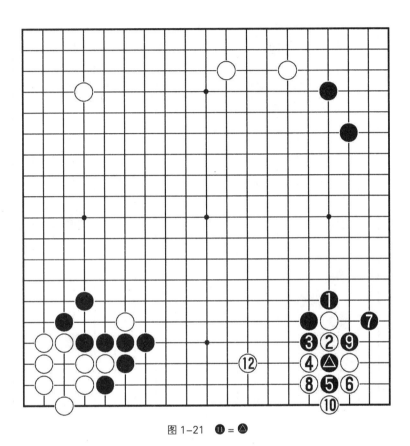

图 1-21 ⓫ = ▲

（图1-21）黑1扳虽然也是定式，但在此局面下却不适宜。

白2顶，4位断打是必然的下法，以下至白12拆二是基本定式一型，但黑左下的外势完全得不到发挥，黑棋明显失败。

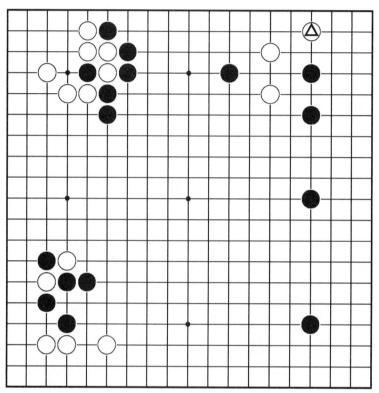

图 1-22

（图1-22）白棋在右上挂角，黑采用一间高夹，白跳出后再于⚅位飞角，是实战中常见的基本定式。

那么，此时黑应采用哪种下法呢?

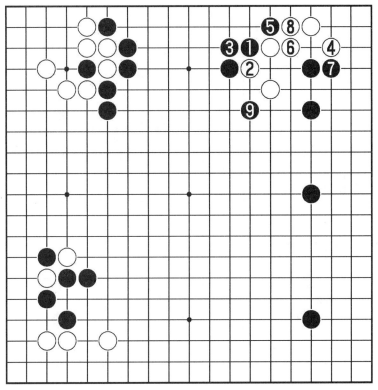

图 1-23

（图1-23）黑1尖顶，是此际灵活运用定式的有力下法。

白2挤，好手，黑3粘必然。白4进角时，黑5、7先手利用后，再于9位飞，黑充分可下。

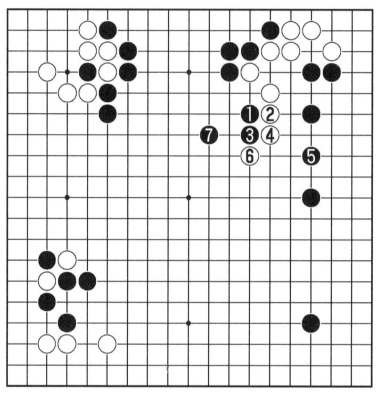

图1-24

（图1-24）接前图。黑1飞后，在中央和右边形成庞大的潜力。

白2、4贴出没办法，黑5顺势补强右边，白6扳，黑7跳补，在上边形

成二十目以上的确定地，黑相当充分。

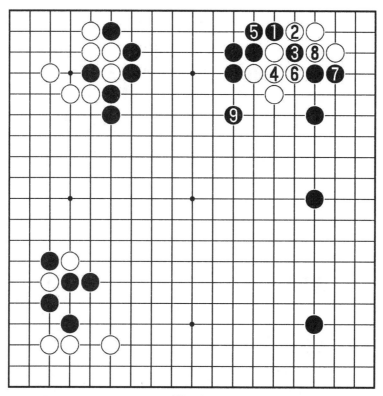

图 1-25

（图1-25）黑1扳时，白如2位顶如何呢？

黑3先断打，再于5位粘是绝好的次序，以下至白8提，黑先手获利后，再争到9位跳的绝好点，结果与前图大同小异。

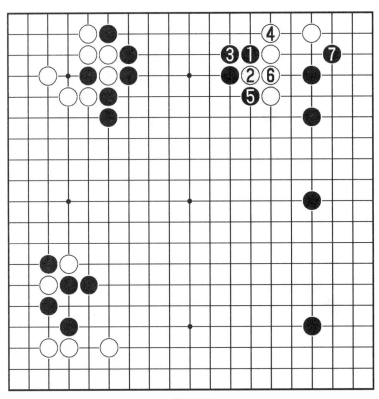

图 1-26

（图1-26）当初，黑3粘时，白如4位立又会怎样呢？

黑5先手打后，再于7位尖，不但获得了角空，而且夺去了白棋的眼位，白明显苦战。

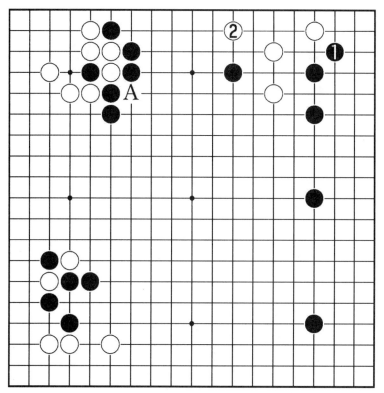

图 1-27

（图1-27）黑1尖角，虽是定式的基本下法，但未免有点"教条"。

被白2飞后，上边黑空被破掉了，而且厚味得不到发挥，将来还留有A位断点的余味，黑失败。

由此可见，选择定式必须服从于全局。

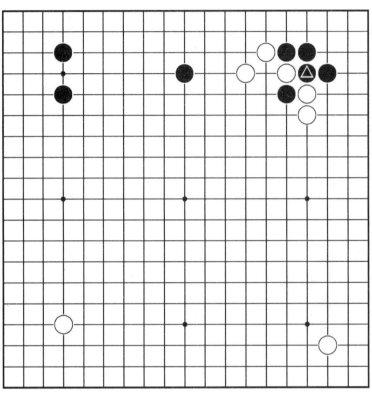

图 1-28

（图1-28）这是小目定式黑反夹的一种下法，其目的是想利用左上角进行作战。

现在，黑▲断打后，白如何应对呢？

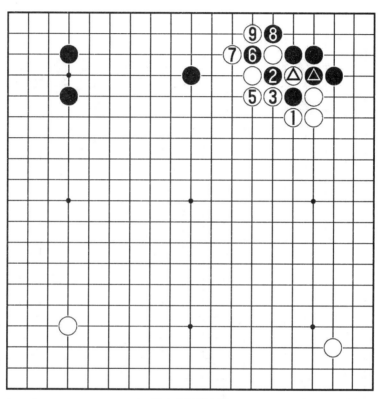

图 1-29　❹＝△

（图1-29）面对黑△的断打，白1位曲打是弃子的绝好感觉，也是此际的最佳一手。

黑如2位提，被白3抱打后，黑七子成凝形，显然过于笨重。

白5粘，整形，黑6、8断吃一子后，至白9打吃，黑棋形重复，明显不利。

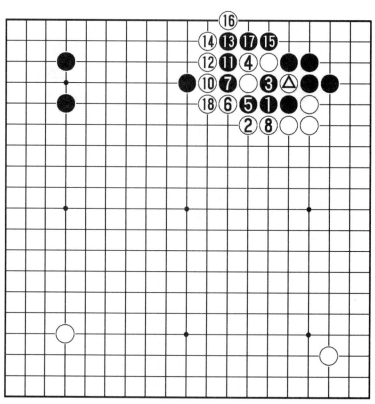

图1-30　❾ = △

（图1-30）黑如1位长出，白2位跳枷是有力的下法。

黑3提时，白4粘是形的急所。白4如在5位粘，被黑于4位断，白不充分。

黑5、7冲断，企图在此强行作战，但遭到白10以下的弃子，至白18止，黑失败。

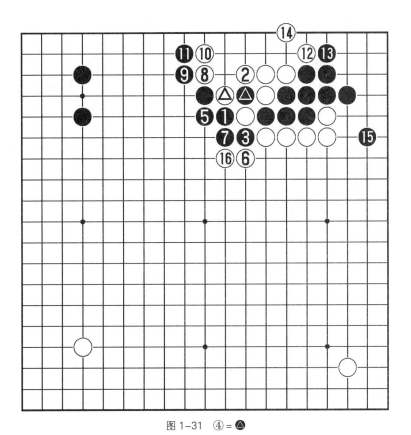

图 1-31　④＝

（图1-31）白打吃时，黑1断打进行抵抗如何呢？

白2提，必然，以下进行至白14双方成必然。黑15飞，白16压，中央相当厚实，白充分可战。

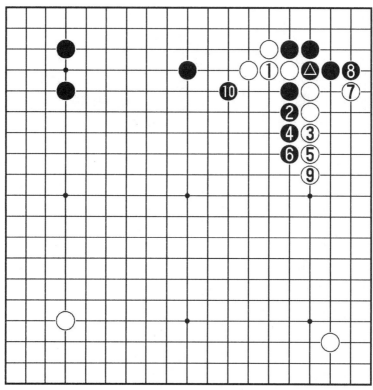

图 1-32

（图1-32）黑●断打时，白如1位粘，是典型的笨重下法。

黑2以下至白9长，黑先手加强后，再于10位封锁白棋，黑棋作战明显有利。

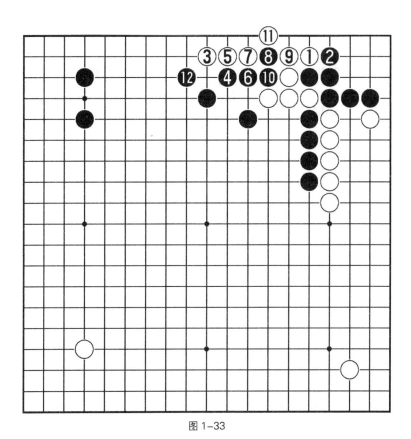

图 1-33

（图1-33）接前图。白1扳后，再3位潜逃，企图做活。但黑4至黑8扳后，白明显处于苦战。

以下至黑12止，白失败。白3如在8位虎，虽不至于死掉，但仍是苦战。

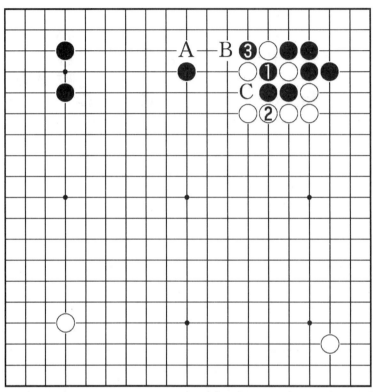

图1-34

（图1-34）黑1提时，白于2位粘也是定式的一种下法。

黑3断打后，白可脱先走下边。以后伺机在A位托是局部的绝好手筋，这样可保留B位和C位的各种利用，此手段属高级战术。

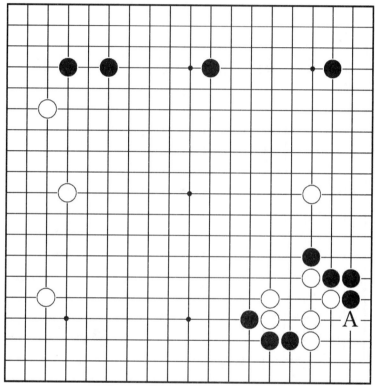

图 1-35

（图1-35）右下是大家所熟悉的双飞燕定式。虽说是定式，但并不是万能的。现在的问题是下一着白怎么下。

大多数人都会想到在A位扳挡，但这个局面是否合适，应该考虑右边的配置。

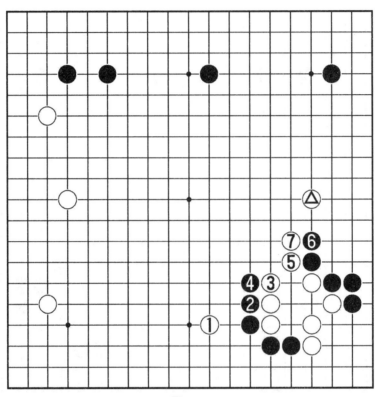

图 1-36

（图1-36）看到这个局面，首先要想到保护左边白棋的形势。因为白棋能发展的地方只有左边，可以自然而然地想到白1逼的着法。

黑2压，必然。对此，白3忍耐，不要拘泥角上的一点实空。对黑4、白5，7连压和白⊘连起来就能成为厚势，可以抵消上边黑的"中国流"，白充分可下。

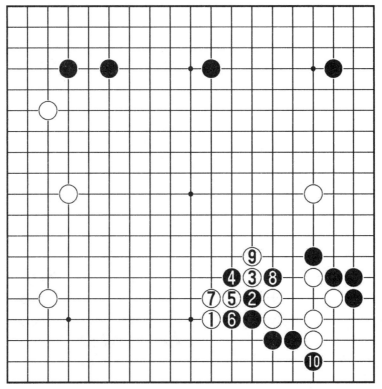

图 1-37

（图1-37）白1的夹攻，确实可以说是活用定式的好手，这样全盘的棋子都发挥了作用。

对黑2贴，白如3位扳，则是大坏棋。黑4扳，强手，白5断时，黑6先手打后，再于8位断打，白形已崩溃。

黑10扳角后，由于白棋气太紧，无论怎样应对，白棋都无好结果。

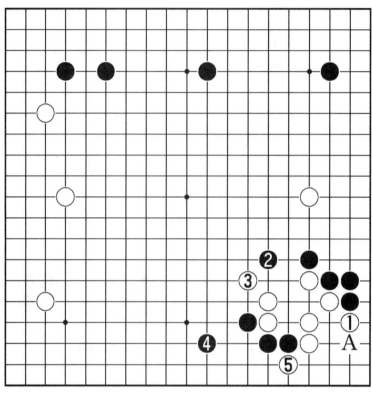

图 1-38

（图1-38）白1扳角，是定式的基本下法，虽不能说是一步坏棋，但多少有些不够灵活。

黑2跳出，白3尖，必然，被黑4走向左边白不能满意。白5扳，是防止黑A位夹的手段。

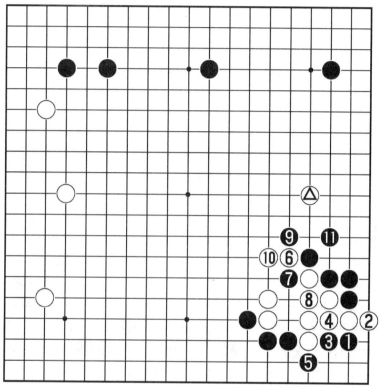

图 1-39

（图1-39）前图黑2直接于本图1位夹也是有力的着法。

白如2位立，则黑3长，至黑5渡过成必然。以下至黑11虎，这是黑在两个方向都下到的变化。白△的位置也很差，是白棋彻底失败的结果。

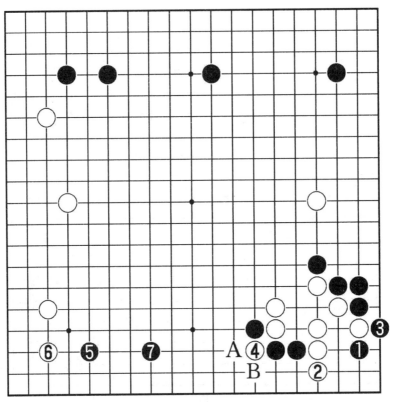

图 1-40

（图1-40）对黑1夹，白2立如何呢？

黑3渡过是必然的，白4断，从局部来看是漂亮的着法，但在这个局面中不够充分。

黑5挂角是漂亮的一手，以下至黑7拆，由于有A位和B位的各种利用，黑十分充分。

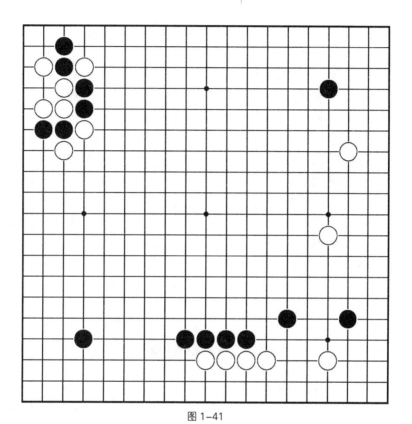

图 1-41

（图1-41）左上角的定式还未完成，问题是选择什么样的变化。当然，这要根据全局的配置来决定。从目前的局面看，必须重视右下黑棋的厚势，使之发挥作用。

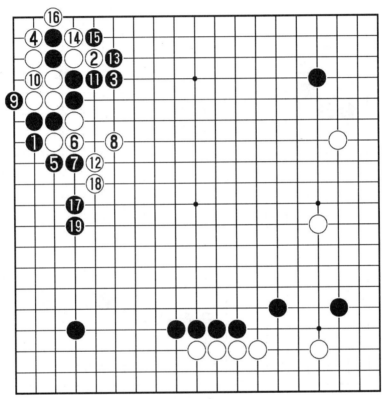

图 1-42

（图1-42）在这种黑棋征子有利的情况下，黑于1位曲是正确的下法，明显比在2位打吃一子要好。

白因征子不利，不能在6位粘，只好在2位长。以下着数虽多，但到黑19为止是定式的基本变化。

由于黑19和右下黑厚势连成一片，即左下、左上及右下三部分牢固结合在一起形成了强大、坚固的势力，黑充分可战。

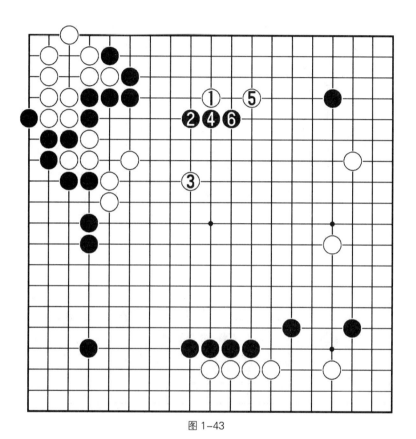

图 1-43

（图1-43）前图并没有完，还要继续。白如1位夹，黑2位肩冲形成战斗局面。不言而喻，中原一带可以看作是黑的势力范围，作战当然对黑棋有利。

白3飞出，必然，以下至黑6长，白四处太薄，作战明显不利。

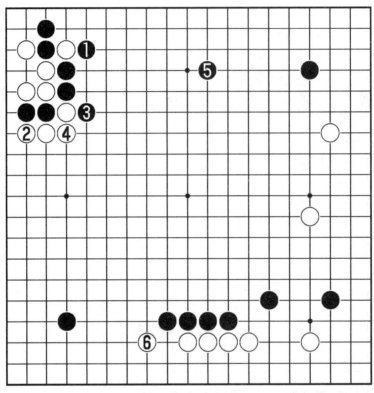

图 1-44

（图1-44）黑1打吃，虽是定式的基本下法，但在此场合下显然不适用。

白2打吃必然，至黑5拆后，白6跳出是最大的场所。由此可以看出，右下和左上的黑棋配置不够理想，特别是右下黑的厚势不能发挥作用，黑失败。

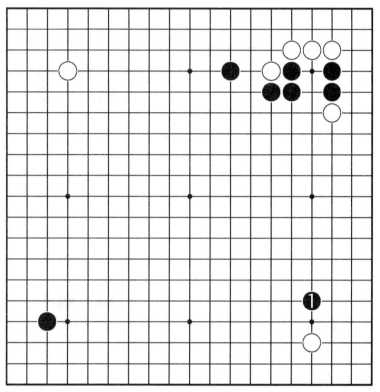

图 1-45

（图1-45）右上角的定式是黑占外势白取实地，现在，黑1挂角是常见的下法，白棋该选择怎样的定式呢？

一定要考虑到右上方黑棋的厚味，否则，将直接影响全局。

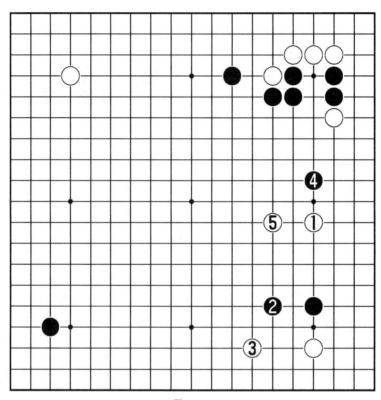

图 1-46

（图1-46）白棋远远地夹击黑挂角一子是正确的下法。

黑2跳，白3应，双方大致如此。黑4逼时，白5跳起，一面走畅自身，一面削弱黑右上角的厚味，白棋充分可战。

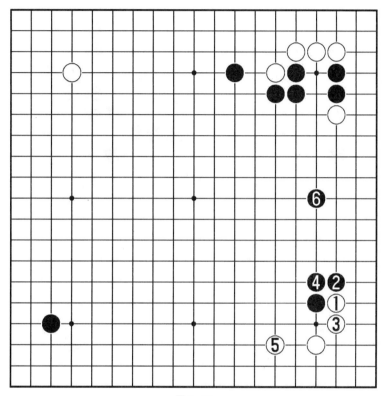

图 1-47

（图1-47）白1、3托退虽是极为常见的定式，但在此局面却是非常
不适用的。

黑2、4扳粘后，再走到6位高拆的好点，使右边形成了极佳的配合，
模样的规模相当可观，白序盘不成功。

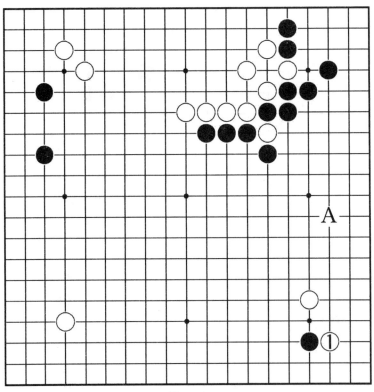

图 1-48

（图1-48）白1托，虽说是一个普通的定式，但未免有些一厢情愿，还是在A位拆较好。

作为黑棋来说，必须结合全局配置来考虑，不能死记硬背定式，要灵活运用。

请注意一下右上角黑的厚味。

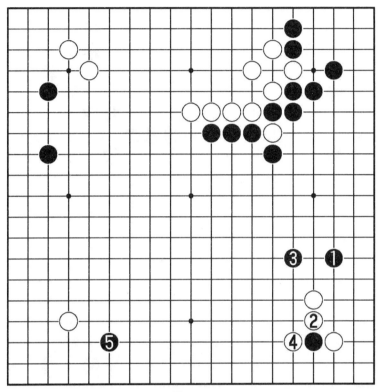

图 1-49

（图1-49）黑在1位拦，是随机应变的好手。方向正确，因为右边很宽广，右上角又有强大的厚势，黑1正好使其发挥作用。

白2顶时，黑仍然不理，继续走3位跳起，白4抱吃黑一子，黑5挂角。这样黑在右边形成理想的大模样，黑充分可下。

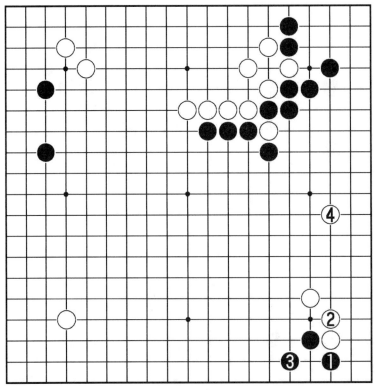

图 1-50

（图1-50）黑1、3扳虎虽是基本定式，但这种下法是典型的教条主义。

白4拆是绝好点，致使黑棋右上厚势的威力得不到充分发挥，黑不能满意。

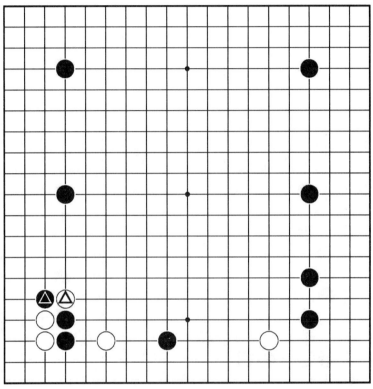

图 1-51

（图1-51）这是让六子棋的局面。

左下角是星位基本定式，黑▲扳，明显是无理手，但白⊙断也是大恶手，错失良好的机会。

双方在此均出现大恶手。现在，作为黑棋，有必要进行计算来选择最佳的下法。

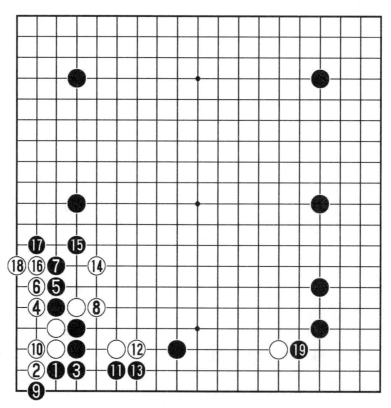

图 1-52

（图1-52）黑1扳，是紧要的一手，也是严厉的一手。

白2挡，然后4、6爬做活是没办法的着法。白8长，企图对下边黑棋进行攻击，但黑9先手扳后，再于11、13位顺利连回。白12不能在13位扳，否则黑于12位断，白显然不行。

以下进行至黑19止，由于白中央一块棋太薄，黑全局明显有利。

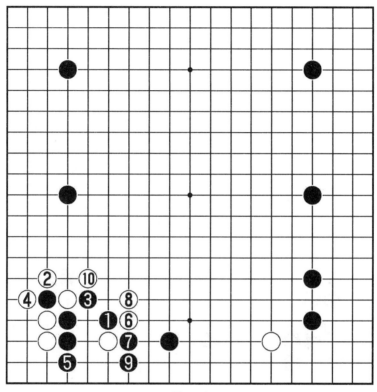

图 1-53

（图1-53）黑如1位靠压，则是错误的下法，其结果肯定与前图大不相同。

白4提一子太舒服了，黑5立后，白6扳是好手，以下至白10扳，白在外边形成厚味，黑失败。

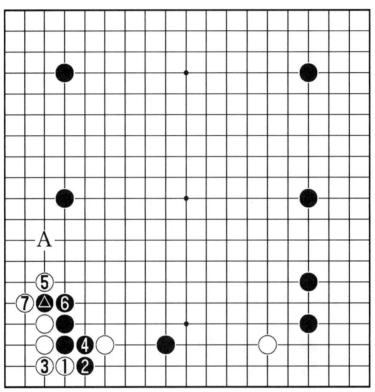

图 1-54

（图1-54）当初，面对黑▲扳的大恶手，白于1、3位扳粘，是此际的绝好着法。

黑4粘时，白5位夹是局部的手筋。黑6粘没办法，白7渡过后，是白有利的结果。

还原成基本定式，等于黑▲和白7先交换了一手，失去了A位等处的各种利用，黑显然受损。

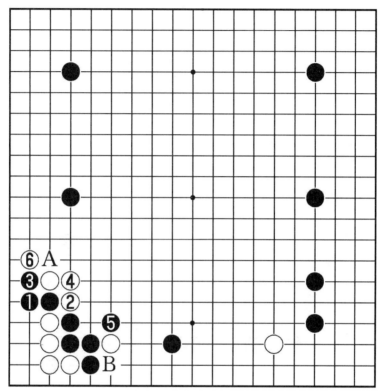

图 1-55

（图1-55）前图黑6如于本图1位立，则是无理的着法。

白2断，必然，以下至白6扳，黑三子被吃，显然失败。黑5如于A位扳，则白B位夹，黑也无好的应手。

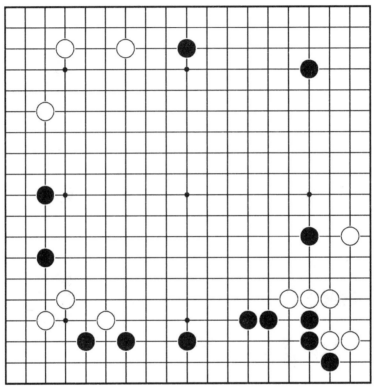

图 1-56

（图1-56）序盘进行至此时，显然右上方是最空旷的地方，白棋该从哪里着手呢？

请注意行棋之前，一定要结合全局的配置来选择定式。

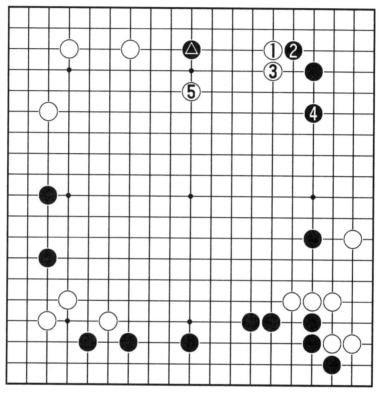

图 1-57

（图1-57）此时，白1从窄处挂角是正确的。

黑2尖顶后，再4位跳是正着。由于白左上角有一定势力，白5镇是要点，黑⬤一子顿时陷入困境，白获得了绝对的攻势。

白1从根本上讲不是去消上方黑空的，而是为了更加积极地攻击黑⬤一子。

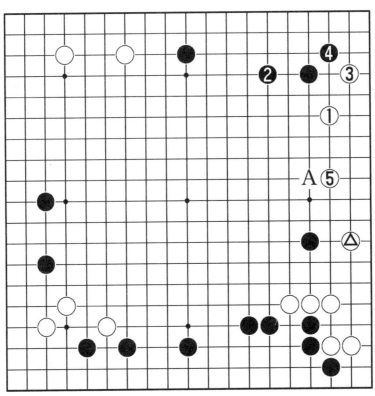

图 1-58

（图1-58）白1虽是从宽处挂，但此时并不好。

黑2正常跳应，以下至白5拆二，这虽也是定式常型，但由于白△大飞一子已处于低位，右边并没有发展潜力，白选择有误。

白3如走A位，稍好一点，但也不如前图。

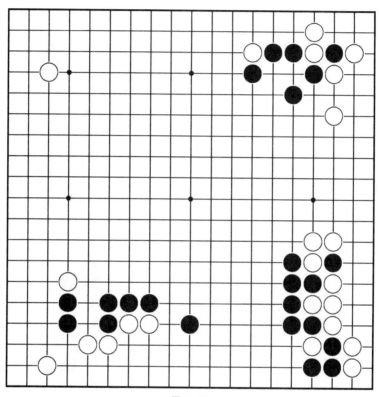

图 1-59

（图1-59）白棋占了四个角，中央则是黑棋的势力范围，如何运用这个势力，是这盘棋的焦点，下一着将是超越常规的一手。

在左上角行棋是肯定的，关键是如何选点，请把思路放开一点。

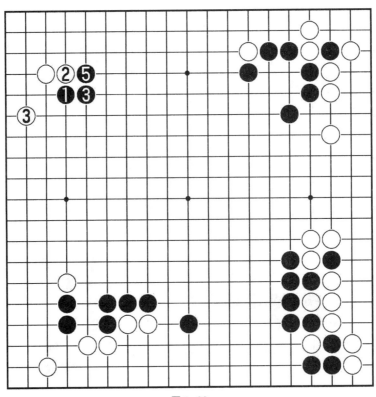

图 1-60

（图1-60）黑1肩冲是超越常规的非凡着想，一般人难以想象，确实令人佩服。

白2长，大致如此，以下进行至黑5拐头，黑在上边构成极好的配置，而且还与下边的黑棋遥相呼应，气势磅礴，充分可下。

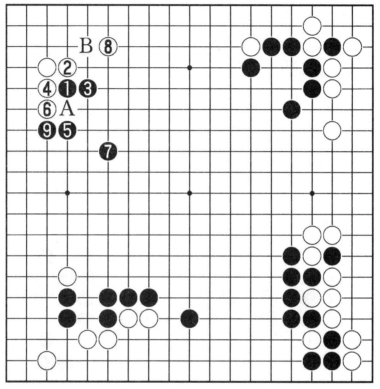

图 1-61

（图1-61）黑3长时，白4若拐头，黑5跳轻灵，以下至黑9挡，黑棋从左边一直连到中腹，形成庞大的模样，潜力无限，黑十分充分。

白2若走4位长的话，黑A位长，接着白若B位飞，则黑在6位拐下。虽然方向不同，但与前图的结果大同小异，黑也充分可下。

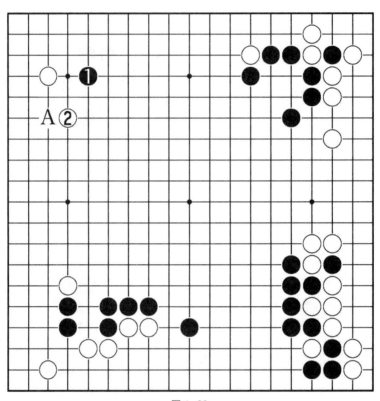

图 1-62

（图1-62）黑1位高挂，是大多数人常识性的下法。虽不能说是一步坏棋，但被白2飞起后，黑中央的势力受到一定限制，明显不如前两图的规模宏大。

黑1如在A位拆逼如何呢？白棋肯定会在1位单关守角，黑也不够充分。如果把这两种变化与前两图相比，一定能明白黑在中腹的势力是大不相同的。

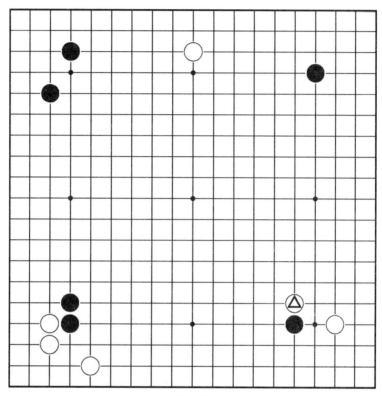

图 1-63

（图1-63）白△外靠是正确的下法，对此，黑如何选择定式呢？
这里涉及与左下角的关系，请从全局的配置来考虑定式的活用。

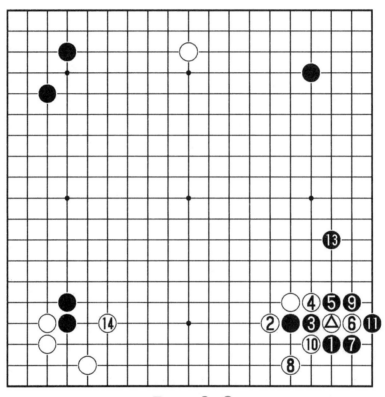

图 1-64 ⑫ = △

（图1-64）黑1托角，方向正确。总之，黑不能在左边行棋。

白2扳，是定式的正常下法。黑3如采用顶，以下至黑13虽是基本定式，但白占据了14位的好点，下边白模样十分可观，黑不好。

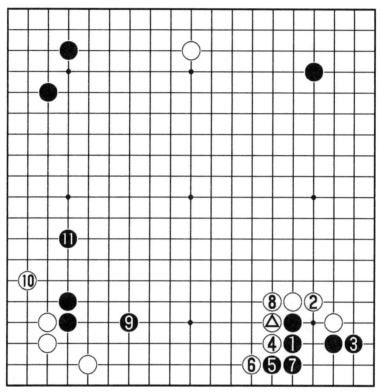

图 1-65

（图1-65）对白△扳，黑1位立是定式的灵活下法。

白2退大致如此，以下进行至白8粘，这虽不是定式的下法，但由于有左下角的关系，黑获得先手于9位二间跳恰到好处。一方面完成三三定式，另一方面又消了白的厚势。

至黑11的结果，黑作战成功。

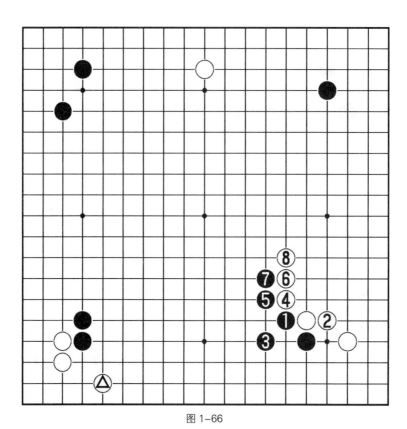

图 1-66

（图1-66）白外靠时，黑1、3方向明显有误。以下至白8长，由于左下角白△飞正好阻碍黑的大模样，其结果黑不好。

因此，在选择定式时务必要考虑白△子的关系。

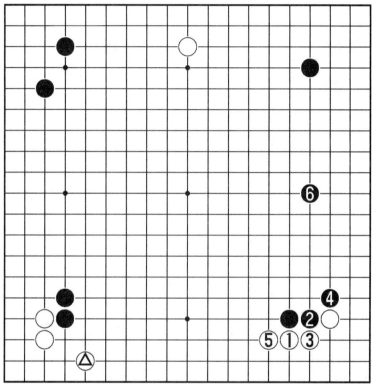

图 1-67

（图1-67）假如白于1位托，由于有白⊖子的关系，黑肯定不会在5位扳。

黑选择2、4雪崩定式是正确的，其目的是开拓右边的新天地，而把下边让给白棋。这种感觉很重要。以下至黑6拆，白不好。

由此可以看出，选择定式时，如果大方向正确，就不必拘泥于细节。

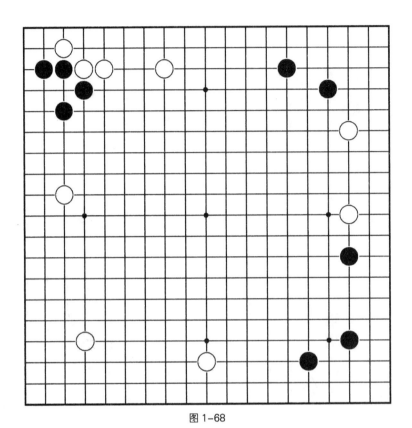

图 1-68

　　（图1-68）行棋目标转向何处为好呢？棋盘的右半部分不太急，左边才引人注目。

　　选择定式时，请注意行棋的次序。

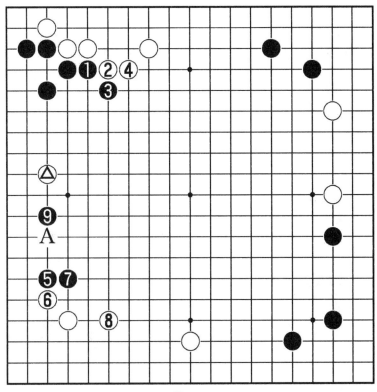

图 1-69

（图1-69）黑1、3是定式后的常规下法，多少增加了势力。争得先手后再转向5位挂，至黑9拆，对白△子施加压力，黑前后有序地分割了左边，充分可下。

白6若在A位夹，则黑点三三。白6若在8位单关应，则黑小飞进角。

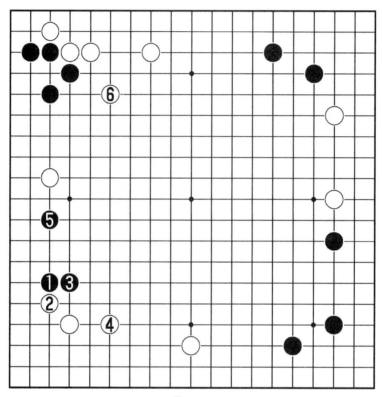

图 1-70

（图1-70）黑若单在1位挂角，其结果就大不相同了。

以下至黑5时，白可反过来先抢占6位飞的绝好点，白充分。

有先手利的地方却没有得到先手利，这真是太遗憾了。

第二章

序盘中大场与急所的关系

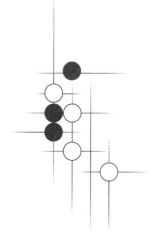

所谓大场，顾名思义，指的当然是盘面中很大的地方。而急所指的当然是盘面最紧要或必须快速抢占的大场，两者的意义显然是不同的。由于两者轻重不同，落子也自然有先后缓急之别。

如果没有巩固的根据地作为开拆的基点，拆就失去了意义，因此必须进行开拆前的准备工作，这是序盘的常识。此外，边上虽有开拆的好点，如果盘面上出现足以影响大势或关系到一块棋生死存亡的急所，就必须严格区分大场与急所，决定落子的先后与缓急。只看到大场而忽略更为紧急的急所是下棋的大忌。在实战中怎样鉴别并发现急所，是下棋必备的基本知识。

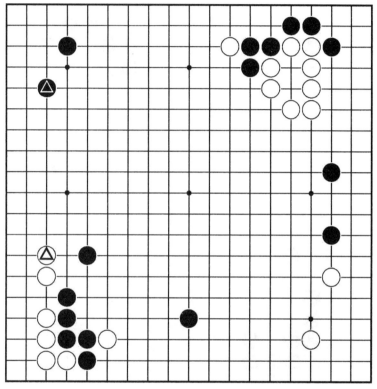

图 2-1

（图2-1）目前是白⊘并，黑在⬤位守角的局面。如果能明白白棋为什么很结实地在⊘位补，那么，就应该知道下一着走在哪。

请充分发挥白⊘子的威力。

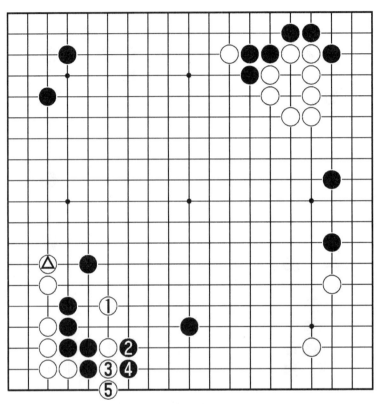

图 2-2

（图2-2）白1跳，是此时的急所。这样一来，积蓄力量的白△子就能充分发挥作用了。

黑2夹，白3长时，黑4再夹企图渡过，但这只是一厢情愿。

白5下立，是局部的绝妙手筋。此后，黑无论怎样走，都无法获得联络。

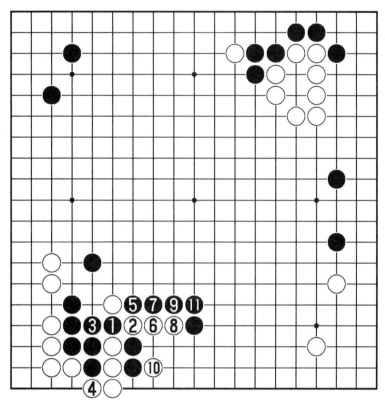

图 2-3

（图2-3）接前图。黑1挖，只能如此，当然不能在4位阻渡，否则，白于2位虎，黑更糟。

白2断打，必然，以下至黑11止，双方大致如此。黑通过弃两子取得一定外势，但白的实利也可观，这或许是另一局棋吧！

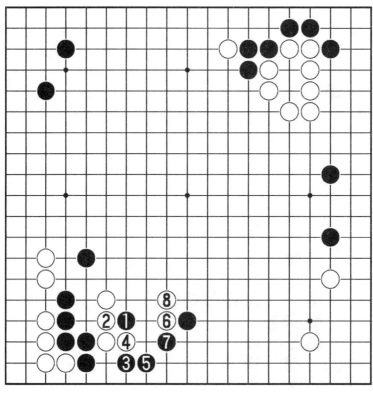

图2-4

（图2-4）面对白棋的跳，黑1位刺，再3位渡过，是局部的常用手筋，这也可以说是正确的下法。

对黑5退，白6靠是手筋，到白8为止，白棋形厚实，而且全局也比较均衡。

白6也有在7位穿象眼的下法，那样，变化较复杂。

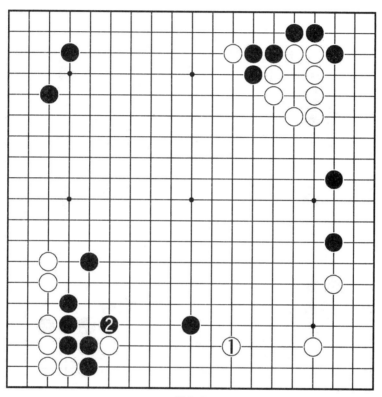

图 2-5

（图2-5）白1虽是一步大场，但被黑2虎补后，棋形相当厚实。由此可见，急所要胜于任何大场。

本图的结果，右下的白棋与黑的模样规模不同。右下的白只有那么大，而黑棋则有可能形成中原与上边相连的大模样。并且，白右下仍留有打入的余地。

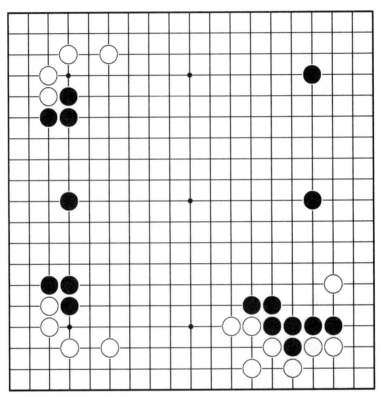

图 2-6

（图2-6）局面已进行了几十手，很明显是黑取势、白取地的格局。

白棋已占了三个角空，实地不少，但黑的模样也颇具规模，下一手黑要继续贯彻自己的方针，那么，该走哪儿呢？

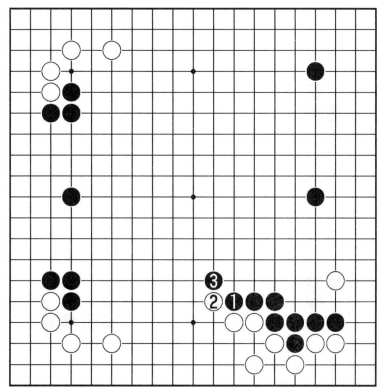

图2-7

（图2-7）黑1压，是扩大模样必争的一手，也是此际双方必争的急所。

白2扳，黑3再扳，虽然下边让白棋成了一些实地，但黑整体气势恢宏，左右两边遥相呼应，黑序盘充分。

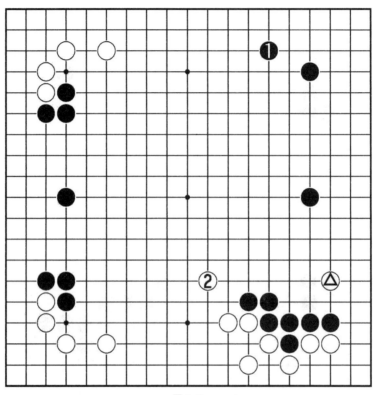

图 2-8

（图2-8）黑1守角也是一步大场，但白2飞是至关重要的急所。

这样被白棋一飞，黑右方的模样顿时显得没有了生气，以后白⚫一子还有活动出来的可能，黑显然错过了急所，与前图相比，优劣一目了然。

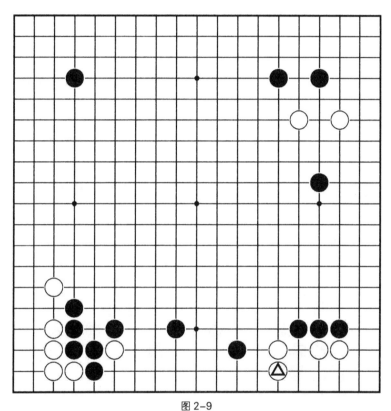

图2-9

（图2-9）这是一盘让四子棋的实战对局。

现在，白△下立后，黑如何选点呢？请从双方的配置情况来选择急所。

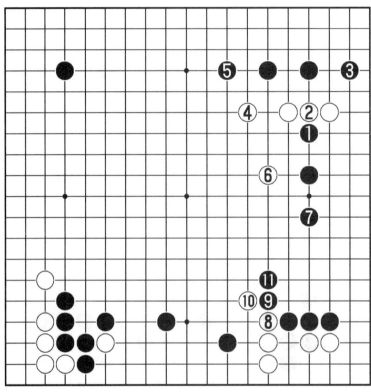

图 2-10

（图2-10）由于右上和右下定式均没有下完，黑应该选择在哪边行棋呢？

从两边情况对比来看，上边明显急于下边。所以，黑1刺，对白棋两子进行攻击是紧要的急所。白2粘必然，这样白三子顿时变重，黑可顺势在3位夺取白的根据地，白显然处于苦战。

以下进行至黑11长，双方大致如此。黑通过对白棋的攻击，在上边和右边均获得利益，黑优势。

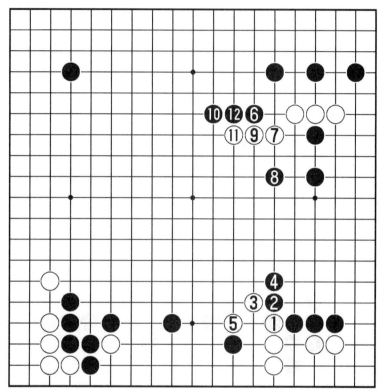

图 2-11

（图2-11）前图白4如直接于本图1位长，至白5，白下边获得了好处，但上边相对变得更弱了。

黑6飞镇，是攻击的严厉手法，白7尖出，黑8继续攻击。以下进行至黑12粘，黑在上边形成了庞大的实地，而白棋数子仍处于苦战。

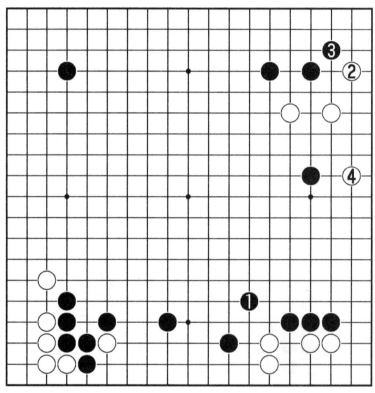

图 2-12

（图2-12）黑1位飞封，虽是定式的基本下法，但未免太教条主义了。

被白2、4飞出后，黑右边的模样变小了，白也获得了根据地，黑显然失败。

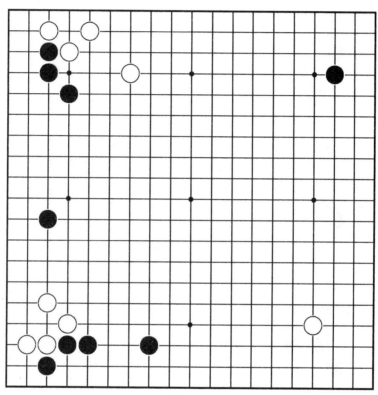

图 2-13

　　（图2-13）这是序盘阶段，右半部分双方子力很少，有很多大场可以选择。但黑在左边的配置似乎有些不完整，有欠一手的感觉。

　　那么，黑究竟走哪儿好呢？

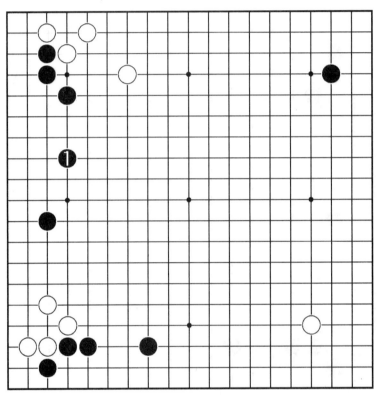

图 2-14

（图2-14）黑1位补是正确的下法，这样在左边形成了理想的形状，并围了可观的实空。

这手棋看似平常，但实战中却很容易被忽视，因为，没有察觉它的重要性。

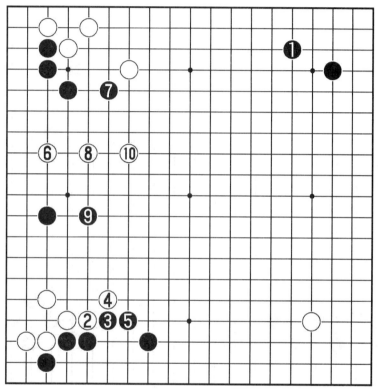

图 2-15

（图2-15）黑1守角，虽是一步大棋，但多少有脱离急所的感觉。

白2、4先手补强后，再于6位打入是严厉的一手，以下至白10跳出，
形成白一块对黑两块棋的对攻局面，黑棋作战明显不利。

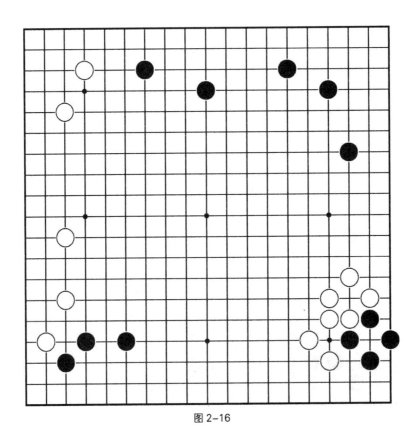

图 2-16

　　（图2-16）现在大场很多，而且黑右下角还需要补一手才能活。但有的大场是有关双方的要点，是绝对不能放过的。

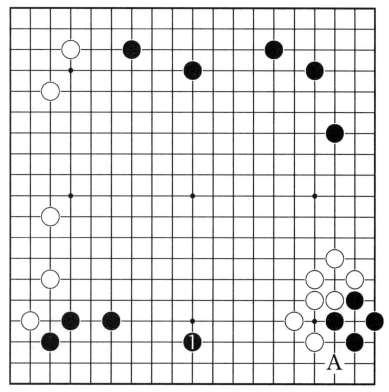

图 2-17

（图2-17）黑1拆下边的大场是正确的下法，占据此点不但使自己的地盘扩大了，而且还限制了白棋的发展，是必争的急所。

此后，白虽可在A位吃掉右下角黑棋，但这毕竟是局部的目数问题。

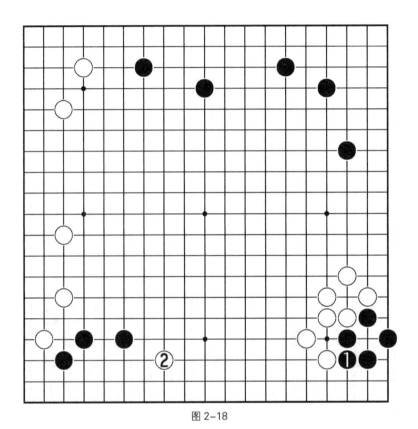

图 2-18

（图2-18）黑1在右下角补活是失策的，虽然目数有20多目，但白2逼是绝好的一点。在威胁左下角的同时，下边白棋的模样顿时扩大起来，从全局来看，黑棋有落后之感。

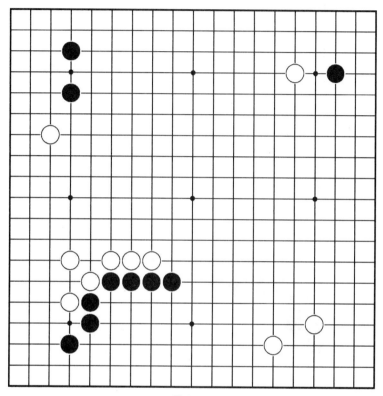

图 2-19

（图2-19）现在，全局的大场很多，但白左边的模样已具有一定规模。

作为黑棋来说，对白是不予理睬，任其发展呢，还是想办法去控制？请您做出正确的选择。

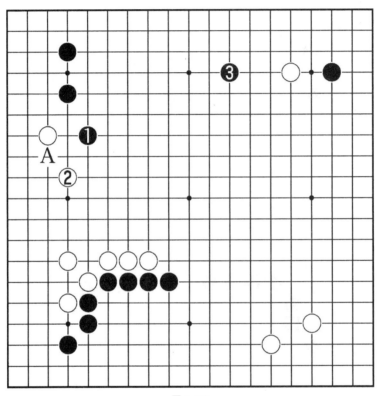

图 2-20

（图2-20）黑1飞镇，是全局最紧要的急所。白2飞回是本手，黑获得先手再走3位夹攻，次序井然，白棋的模样已被限制了许多，全局黑棋形势充分。

白2如不飞应，去抢占上面的大场，黑在A位靠下是很严厉的一手，白毫无办法。

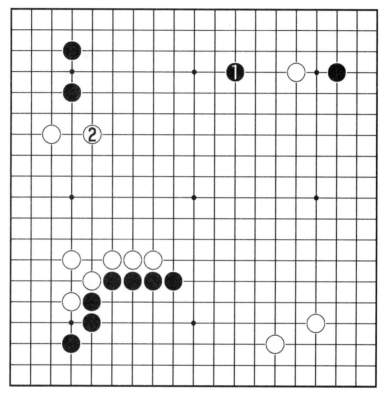

图2-21

（图2-21）黑1直接夹击白一子错失良机。白脱先于2位先跳起是形势的要点。这样，白左边的模样非常可观。而黑在右上角也没有什么特别的好手段。黑的选择是错误的。

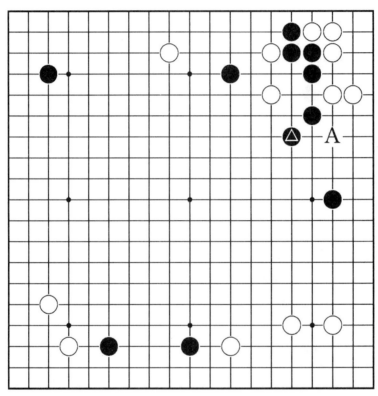

图 2-22

（图2-22）右上角是白点三三转换形成的结果。

现在，黑在 ▲ 位尖是苦心经营的一手，一般情况是在A位尖。在此，白应对的好坏，将对黑的成功与否起到至关重要的影响。

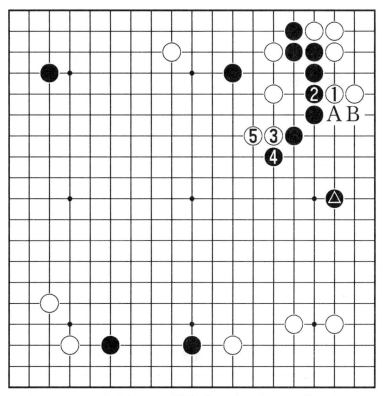

图2-23

（图2-23）白1并，是形的急所。这样，角上已无后顾之忧，相反，黑棋形变薄。

黑2粘，本手，白3、5靠长后，上边黑的模样被消掉，黑▲子的位置也不够好，白充分可战。

以后，黑A拐，白B曲，并不可怕。

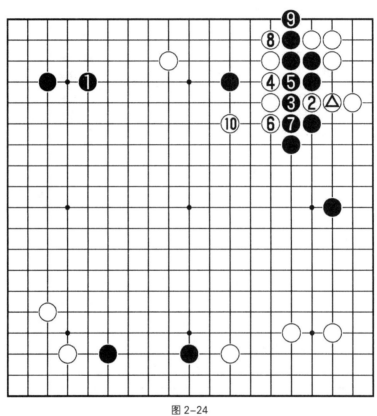

图 2-24

（图2-24）白△并时，黑如脱先在左上角1位缔角如何呢？

白2冲出是要点，然后于4、6位先手便宜，使自身变强，而黑棋形变坏。让白10跳出后，黑失败。

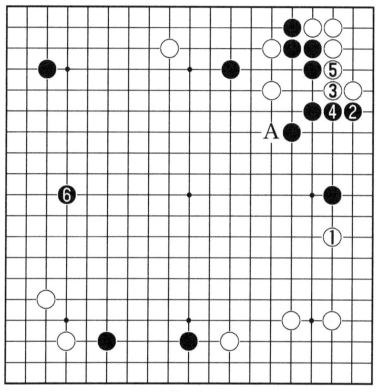

图 2-25

（图2-25）白1如直接抢占右边大场，是错失良机的下法。

黑2、4靠粘巩固右边是绝好的机会，同时带有先手味道。

白5后手补活是没办法的一着，被黑先手占到左边6位大场的绝好点，黑全局明显优势。将来，白于A位靠出只是小问题，对黑毫无影响。

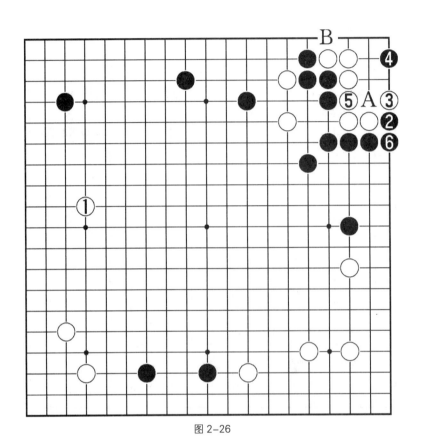

图 2-26

（图2-26）假如前图白5脱先而于1位抢占左边大场如何呢？

黑2扳角，是杀棋的手筋，白3挡是强手，黑4点必然。至黑6粘后，白角成打劫活，显然不行。白3如于A位曲，则黑B位扳，白成净死。

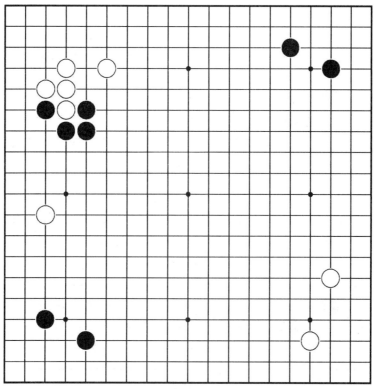

图 2-27

（图2-27）左上角的定式是黑棋挂角白压后的变化，形成了黑取势白取地的格局。

下一步黑应走在哪里，一定要充分发挥左上角的厚味，否则在实地上就亏了。

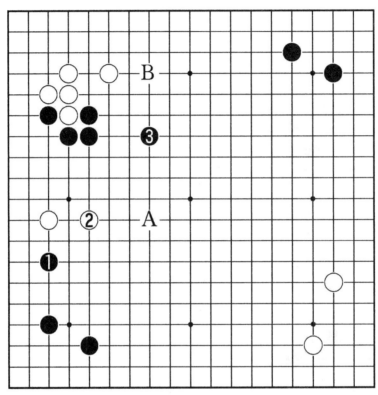

图 2-28

（图2-28）黑1拆逼是攻击的急所，也是此际必然的一手。

白2只能跳出，黑3也顺势把头走畅。之后，A位和B位两点成见合。由于白左边的两子仍处于不安定状态，黑棋可对其进行攻击，全局较主动。

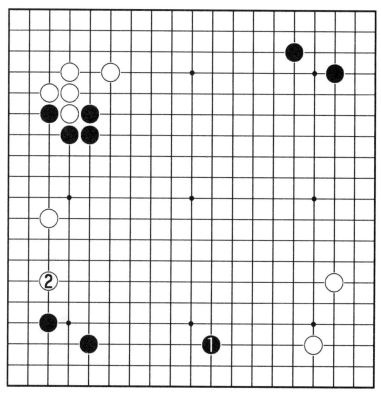

图 2-29

（图2-29）黑1拆下边大场是方向性的错误，显然不是急所。

被白2拆二后，白自身已完全安定，黑失去攻击目标，左上角的定式损实地，取得的外势得不到发挥，黑不能满意。

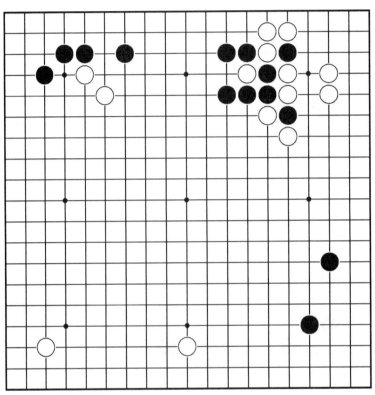

图 2-30

（图2-30）大的地方很多，黑的目标在哪里？比大场更重要的是急所，下一手将有能掌握全局主动权的好手。

请充分利用上边黑的厚味。

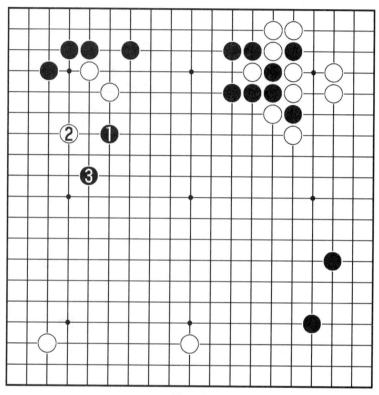

图 2-31

（图2-31）黑1镇急攻，是掌握全局主动权的严厉手段。

白2躲闪，可以说是好手，对此黑3继续攻击。这块白棋要安定是不容易的，只要能攻击这块白棋，黑就能掌握这一局棋的主动权。

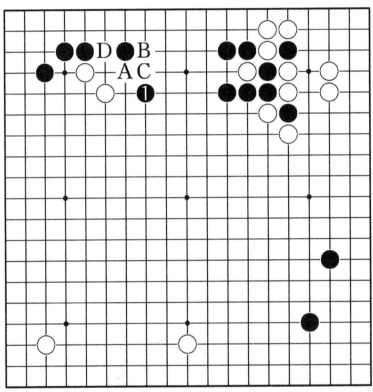

图 2-32

（图2-32）同样是攻击，黑1飞攻就显得过于迟缓，而且还留有缺陷。

以后白A位尖顶，黑难以应对。如在B位长，则无力，如在C位挡，又留有D位打劫，白即使脱先不应也很轻松。由此可见，黑1对白棋无威胁。

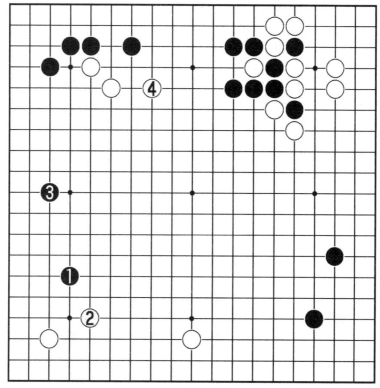

图 2-33

（图2-33）黑1、3占大场虽然也很大，但不属于急所。

被白4一跳，黑已难以对白棋进行攻击，显然失去了掌握全局主动权的机会。

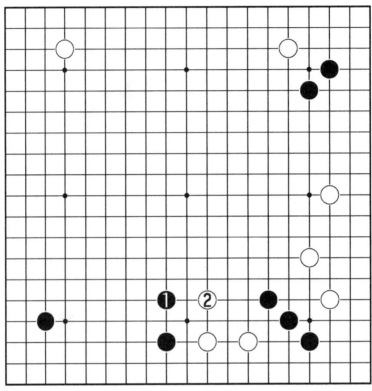

图 2-34

（图2-34）黑1跳，意在攻击白两子，并防守左下。白2跳虽窄，但也没办法。这样一来，黑对下边白棋已无有效攻击手段，只好另选他处。

现在，有很多大场。那么，黑的下一手走在哪里好呢？

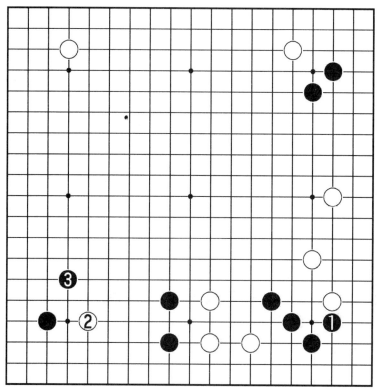

图 2-35

（图2-35）黑1尖顶是此际最要紧的急所。

由于下边白棋已无被攻之忧，黑相对就弱了。所以黑当务之急是先守右下角，确保自身的安全。

白如在2位挂角，则黑3飞攻，仍很从容，这将是一盘漫长的棋。

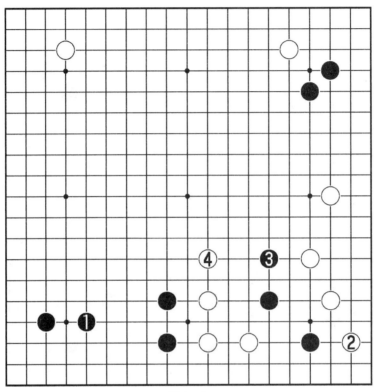

图 2-36

（图2-36）黑1守角虽是一步很好的大场，但却忽视了右下角的急所。

白2飞，此手不但有16目棋的价值，同时还把黑棋的根据地搜掉，使黑棋变成无根被攻之棋。

黑3跳，白4也顺势跳出，一边追击黑棋一边加强下边，这是白棋的绝好步调。

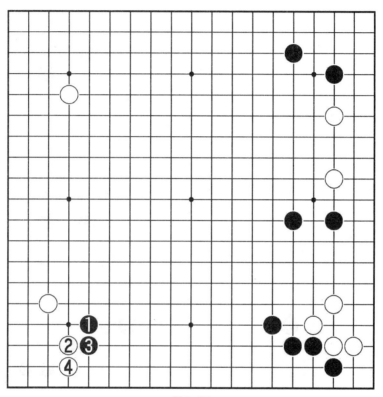

图 2-37

（图2-37）左下角黑选择1位高挂，目的是把角上的实利让给白棋，黑在下边构筑势力。

至白4立后，按定式黑应在下边拆，但黑并不满足于此。黑希望发挥最大的效率，在下边顺其自然地获得实利。

那么，黑的关键一手在哪里呢？

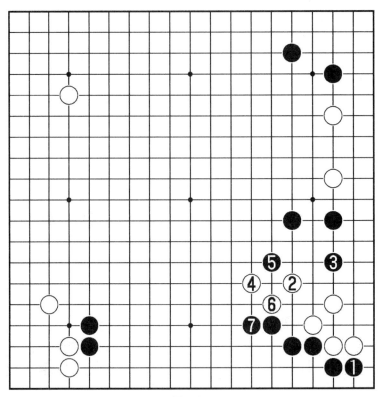

图 2-38

（图2-38）黑1挡角，是关系到白棋根据地的急所，迫使白棋向外逃出。

白2飞，黑3拆又是要点。白4跳时，黑5、7是行棋的调子，这样一边攻击白棋，一边顺势在下边成空，黑充分可下。

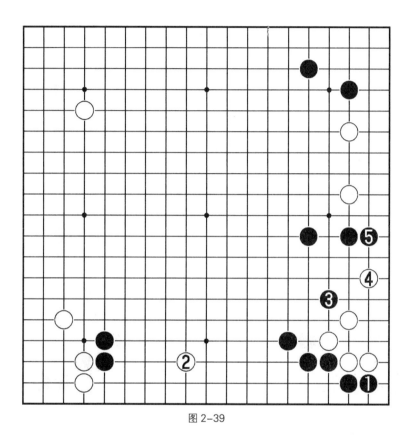

图 2-39

（图2-39）黑1挡时，白棋如果脱先强行占下边2位大场如何呢？

黑3是严厉的攻击急所，以下至黑5立，白在右下已不易做活，而且也使右上的白棋受到严重影响，白棋显然苦战。

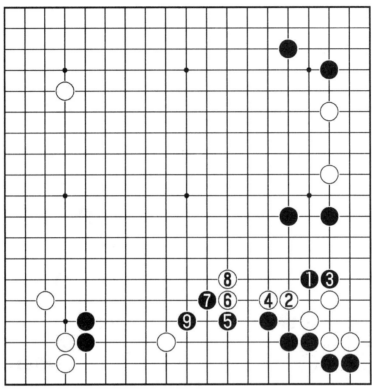

图 2-40

（图2-40）黑1点时，白2尖向中央逃出。

黑3挡下太舒服了，白4、6、8虽可逃出，但至黑9虎后，白下边一子受到严重威胁。这样，黑可对白两边进行缠绕攻击，白失败。

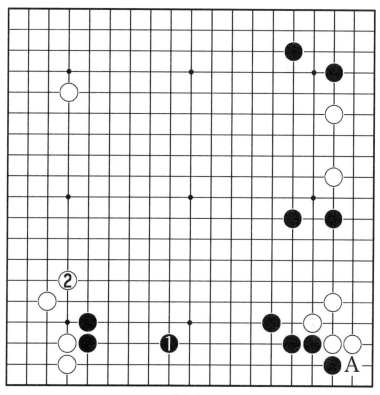

图 2-41

（图2-41）黑1开拆是按定式走的一手，但由于下边漏风，围不成太大的实空。

被白2尖守之后，白在左边构成了理想的势力。将来黑再于A位挡时，由于多了黑1一子，其结果不同，黑当然不能满意。

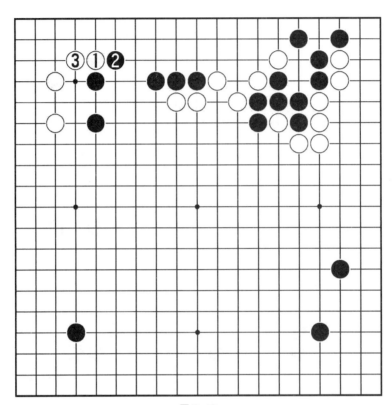

图 2-42

（图2-42）这是一盘让三子棋的局面。

在左上角，白走1、3托退，在获得实利的同时，又对黑产生一定的影响。

那么，黑下一手怎样走呢？当前布局中最大的大场在何处？

占大场固然是要在边上开拆，不过在开拆的同时，再加上夺取对方根据地的目标，其价值就更大了。

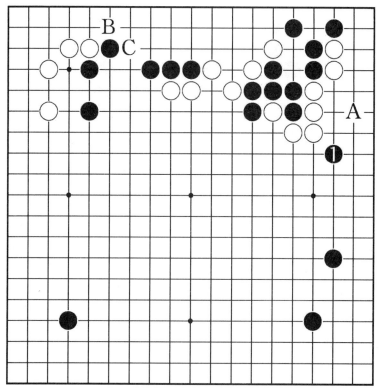

图 2-43

（图2-43）黑1是大场之中的急所，此点要比在下边或左边拆大得多。

下一手黑A位小飞太严厉了，白棋顿时成无根之形。对左上的白B位扳，黑只要在C位退，并不用担心。

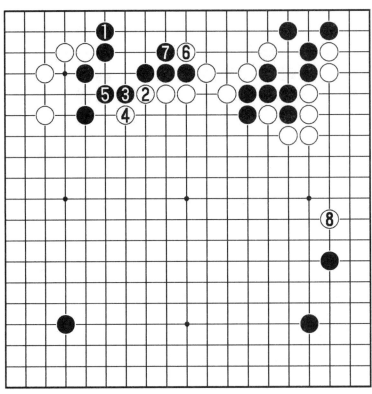

图 2-44

　　（图2-44）黑1位立是大缓手，这样下虽可使上边黑棋得到巩固，但白2压后，以下至黑7，黑棋明显有重复之感。

　　最后，让白占到8位关键的大场，黑失败。所以说黑1虽然很大，但只不过是大官子手段而已。

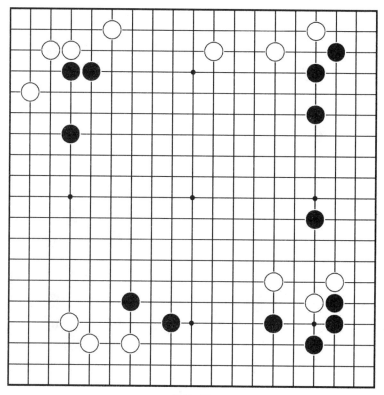

图 2-45

（图2-45）左边、上边都有大场，可是在此局面下，有比大场更为重要的地方。

首先，应重点考虑右下的白三子尚未安定，然后再进一步考虑如何发挥子的效率才有利于作战。

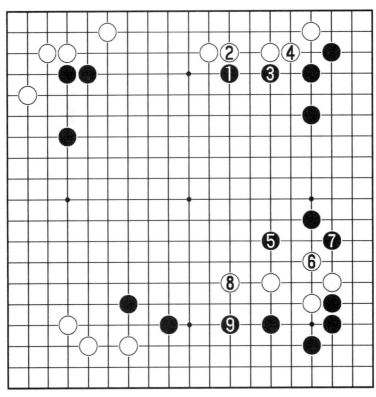

图 2-46

（图2-46）黑先在上边1、3位点压，白如4位退，黑在上边获得先手构筑势力后，再对右下白棋进行攻击，这是一种很自然的高级手法。

黑5飞攻是急所，白6虎，黑7又是要点，至黑9跳拆后。通过对白的攻击，黑在上边的模样十分宏大，而且获得不少实空，黑明显优势。

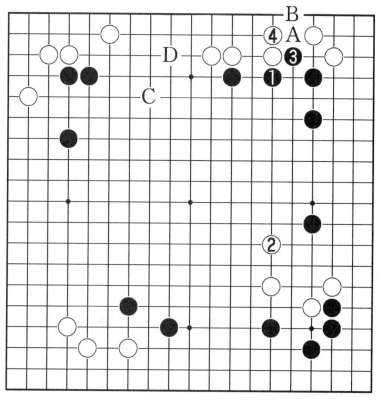

图 2-47

（图2-47）黑1压时，白如脱先于2位补下边如何呢？

被黑3先手虎，上边白地顿时减少。白4后，黑可A位冲，白B之后，黑于C位守，其后可于D位对白进行攻击，黑姿态从容。

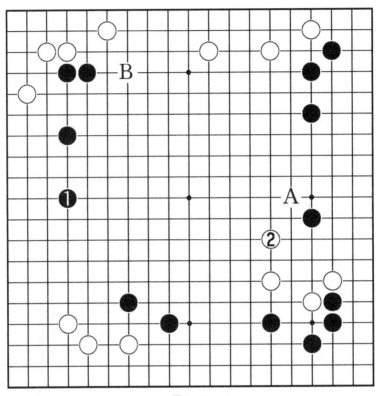

图2-48

（图2-48）黑如1位二间拆，虽可加强左上黑三子，但此时却是大缓手。

被白2跳补后，则有A位飞压或B位飞起的手段，从而使白的棋路顿时宽阔起来，黑十分不利。

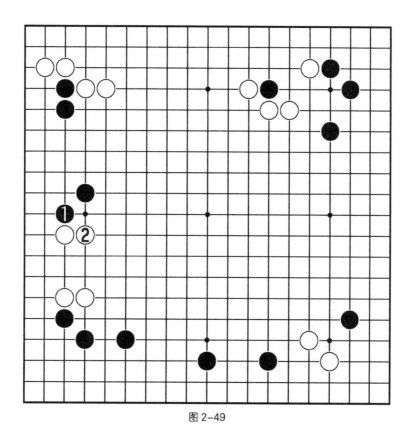

图 2-49

（图2-49）左边黑走1位尖顶，迫白于2位应一手，这是黑的先手权利。由于构思不同，以后的下法也不相同。可以看出，在上边、右边、右下等有很多大场，在此情况下请不要忘记占急所。

那么，黑的下一手应该走在何处呢?

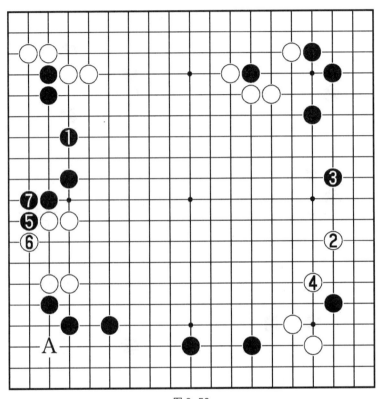

图 2-50

（图2-50）黑1拆补看似很缓，但却是不可放过的急所。

白2夹攻下边黑一子，黑3先手补一手后，再于5、7位扳粘。使上边黑棋彻底获得安定，同时对白棋构成一定威胁，白已无暇于A位点角，黑充分可下。

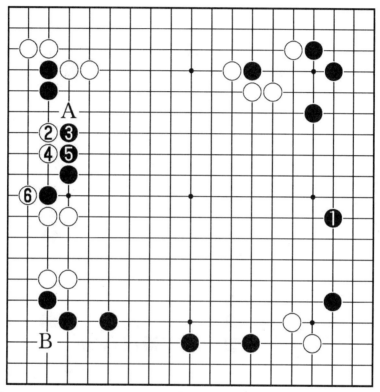

图 2-51

（图2-51）黑1拆右边，这虽是一步很大的大场，但却忽视了左边的重要性。

白2打入是十分严厉的一手。黑3压没办法，以下至白6扳过，左边白棋已获得安定，而黑棋反而变成浮棋。

以后，白还有在A位扳出或B位点三三的手段，黑显然失败。

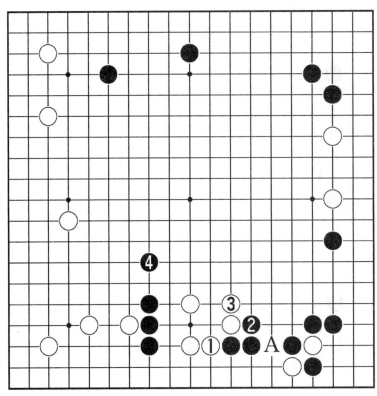

图 2-52

（图2-52）白1先在下边走厚是正确的下法，黑棋为防止白A位打出，只能在2位拐，白3长后又加强了一些。由于左边白是强子，所以黑4跳，先把头走畅为好。

白下一手如何走呢？白可占大场，但不要急躁。

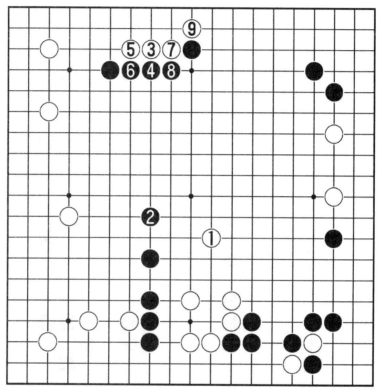

图2-53

（图2-53）白1向中央大飞是此际的急所。此手使下边的白棋变得从容而稳定，同时也给右边薄弱的白两子送去了援军。

黑如2位继续防守，这时白便可放心于上边3位打入，以下至白9扳，黑在中央构成的厚味已对白构不成威胁，白充分可下。

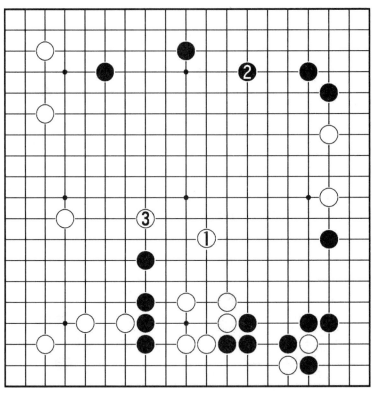

图 2-54

（图2-54）对白1大飞，黑如脱先于2位守上边如何呢？

白3镇头攻击十分严厉。这样黑棋即使活，白也可乘机巩固左边实地，中央也顺势变厚，很明显白占优势。

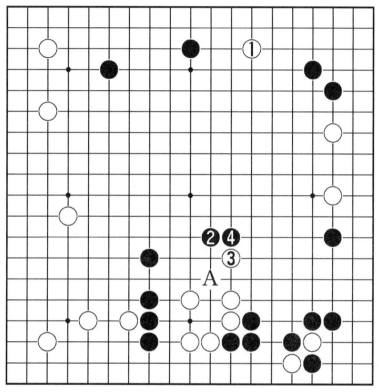

图 2-55

（图2-55）白如在下边脱先，而先在上边1位打入，则是脱离主战场的下法。

黑在2位大飞是攻防的要点，双方攻守成互换。白3跳是防黑A位刺的手段，但被黑4挡后，由于白棋四处均变弱，白肯定不行。

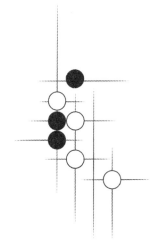

第三章

序盘中的攻防要领

　　序盘中的攻防要领，是指正确的思路和有效的手段。无论攻击还是防守，都不能毫无目的，只图一时痛快。攻击要有明晰的目标和正确的手法，无理的攻击有可能后患无穷。防守也是如此，无论做活，扩大模样，还是巩固阵地，目标是否明确和手法是否正确都是决定成败的关键。

　　攻与防，是围棋战略战术的中心，攻防意识的强弱，攻防技巧的高低，与棋手的棋艺水平直接相关。因此，掌握好攻防的要领，对提高棋艺水平是至关重要的。

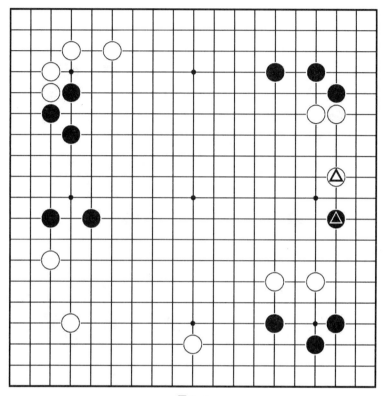

图 3-1

（图3-1）白拆二后，序盘已基本结束，该如何进入中盘攻防呢？

黑▲子显然是关键，是稳健地通联呢，还是对白进行作战？

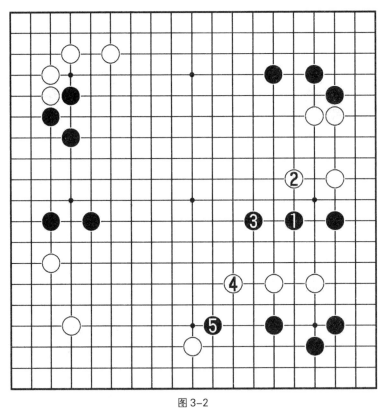

图 3-2

　　（图3-2）黑1跳起是攻防的要点。白2跳补加强自身是本手。黑3继续跳出对白两子进行攻击，白4跳出时，黑5顺调肩冲又是绝对的一手，全局黑非常主动。

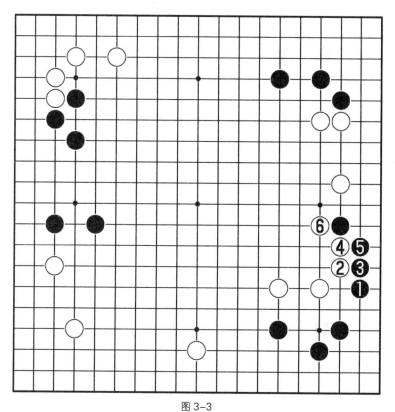

图 3-3

（图3-3）黑1在二路飞过去虽是稳健的下法，但太保守。由于黑有贴目的负担，所以这种下法，是白棋所欢迎的。

白2尖，以下至白6扳过，黑一无所获。相反，白全局厚实，黑显然失败。

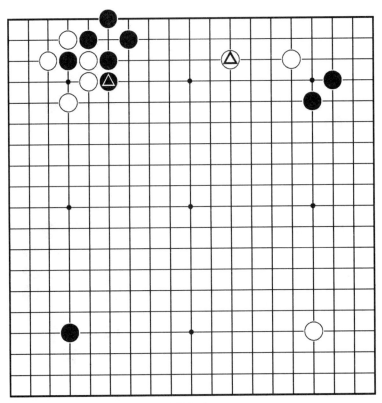

图 3-4

（图3-4）左上角的形状是高目定式形成的。

黑▲贴，是厚实的一手。白脱先不应，而于△位拆二是必然的。

那么，黑如何利用左上角的厚味呢？

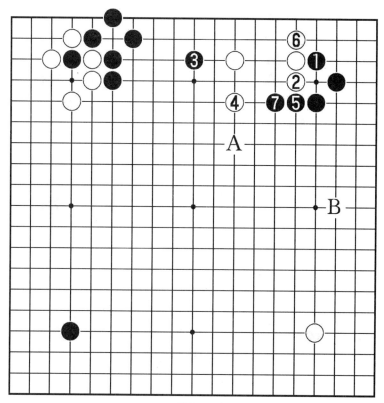

图 3-5

（图3-5）现在的大场虽然很多，但黑1位尖顶是此际攻防的急所。
白2长，黑3顺势拆逼。以下至黑7长出，双方大致如此，黑仍可对白
进行攻击。此后，白如A位跳出，黑顺便在B位拆大场，这是黑顺调的
布局。

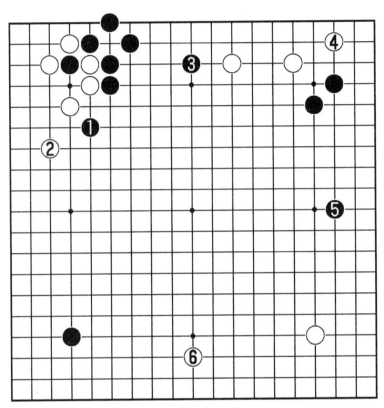

图3-6

（图3-6）黑1飞，是局部形的要点。白2应，必然，黑3再拆逼后，左上角明显有重复之感。

被白4飞角后，轻易获得安定。以下至白6拆，黑不满意。

黑1如直接在3位拆，白仍4位进角，黑也不好。

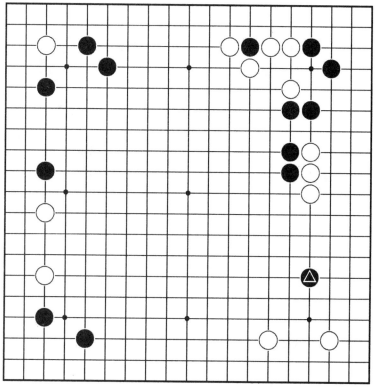

图 3-7

（图3-7）现在，右边白四线并排三子与黑△一子形成对攻的状态，白如何下呢？

对此，白棋不能盲目进攻，要考虑自身的棋形并不是很厚，应下出合理的攻击手段。

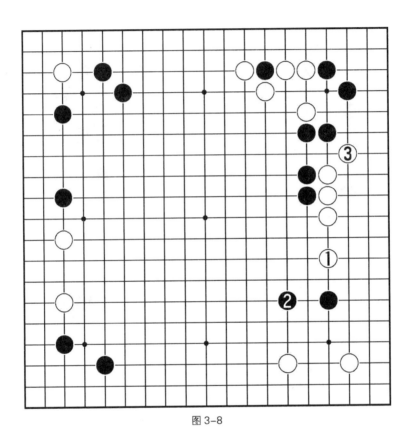

图3-8

（图3-8）白1拆一，是攻击的好手。黑2跳起，白3小尖补又是冷静的好手，不仅本身实利极大，而且使自身完全获得安定，以后再伺机攻黑两子，白十分满意。

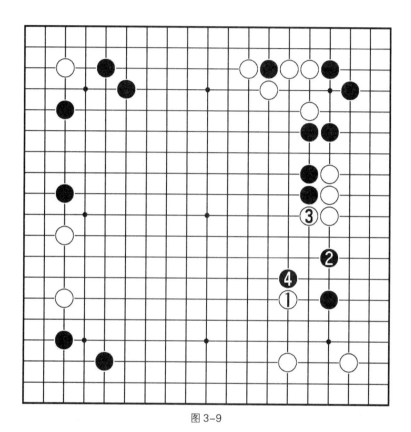

图 3-9

（图3-9）白1镇，看起来有力，但忽略了自己并不强大的这一事实。

黑2拆一是坚实的着法，白3拐出时，黑4靠是反击的好手，白不但收不到攻击的效果，自己还有可能受攻，白不成功。

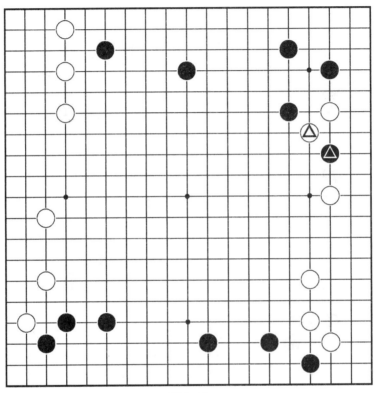

图 3-10

（图3-10）现在的格局是，黑上边和下边、白左边和右边形成对照
的布局。

黑▲打入是严厉的一手，白△尖出也不甘示弱，从此战斗开始。

那么，黑应采用什么样的作战方法呢？

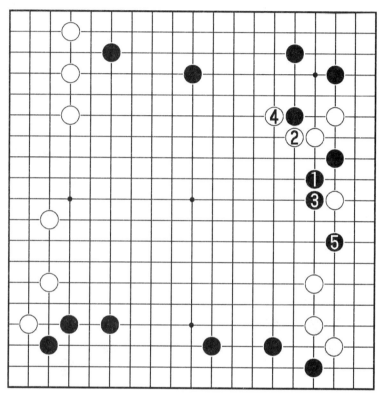

图 3-11

（图3-11）黑1尖出，是必然的一手，也是大多数人的第一感。

白2贴出时，黑3压是形的急所。对此，黑作战明显有利。

白4扳，加强中腹，黑5顺势破掉右边，这个转换结果黑有利。

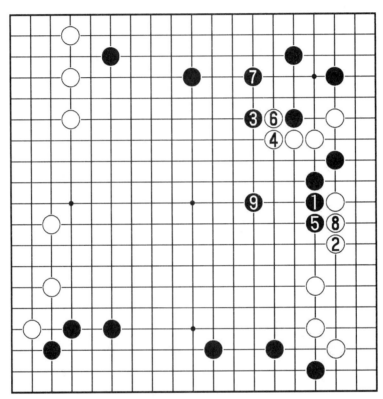

图3-12

（图3-12）前图白4如于本图2位先守住右边实空如何呢？

黑3跳上边是好点，在对白进行攻击的同时又可顺势巩固上边。白4长，黑5也长出，双方互相加强中腹。以下至黑9跳出，黑作战明显有利。

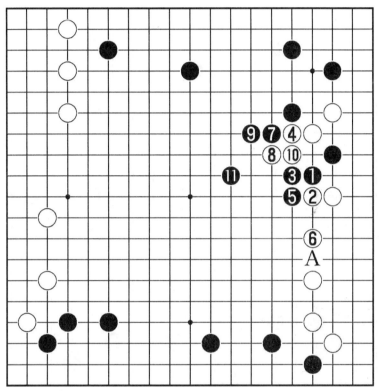

图 3-13

（图3-13）黑1尖出时，白2贴出巩固右边，这样必将影响上边。

白4贴出时，黑5拐是有力的一手，白右边仍很薄。白6守没办法，否则黑A位靠相当严厉。

黑7扳，是严厉的一手。以下至黑11飞封，白棋成大败局面。

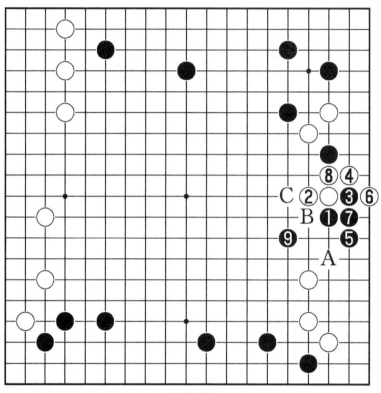

图3-14

（图3-14）黑1靠，职业棋手的第一感，但在此时却不适用。

白2长，必然。以下至白8粘，双方大致如此，白在上边获得安定，可以满足。

之后，黑9虽可以飞出，但经过白A、黑B、白C长出后，攻守互换，黑显然失败。黑1采用靠，必须是上边白棋强的场合。

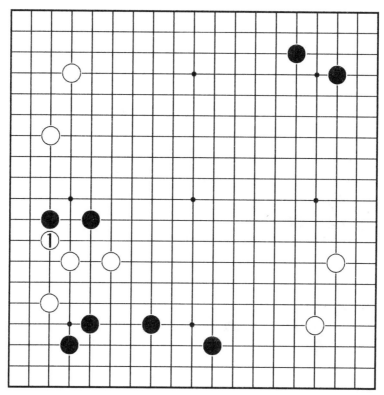

图 3-15

（图3-15）现在的焦点肯定在左边。

白1尖顶是攻守的要点，在守住自己的同时并准备攻击黑两子。

对黑棋来说，在对方势力范围里不要走得太重，以免遭到攻击。在行棋时要有大局观，注意全局的配合。

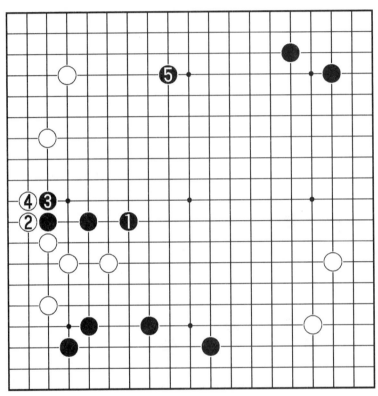

图 3-16

（图3-16）黑1跳出是轻灵的着法，也是着眼全局的好手。

白2、4虽可以扳过，但由于是在二路，所以并没什么大不了的。

被黑5先手抢占上方的绝好大场，黑序盘简明快速。

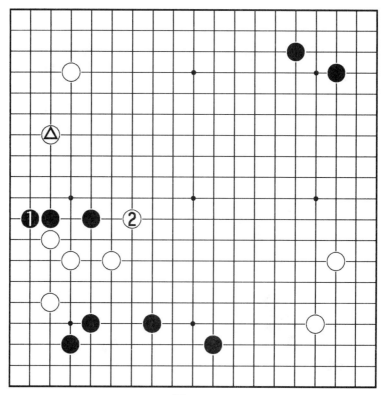

图 3-17

（图3-17）黑1立，虽可阻止白棋渡过，但自身也变重。

白2飞镇是攻击的绝好点，由于有白△一子的作用，黑要处理好并不容易。如直接向外逃被白追击，棋势必然陷入被动。

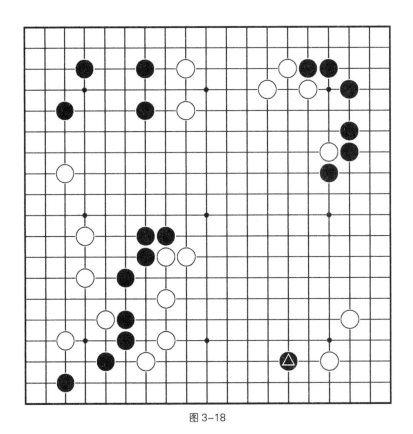

图 3-18

（图3-18）黑▲一子打入是对白进行挑战，白如何去攻击黑这一子呢？

作为白棋，不光在攻击的手法上要仔细考虑，还要把全局的形势、子力的配合也考虑进去。

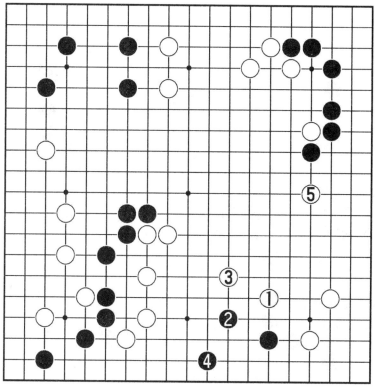

图 3-19

（图3-19）白1镇，是此际正确的攻击方法，也是具有全局观念的好手。

黑2小飞，白3继续飞镇封住黑棋，黑4只能委屈求活。白5拆，占得最后的大场，白棋形势好。

黑4飞是局部活棋的好手，如走其他地方仍留有各种被利用的余味。

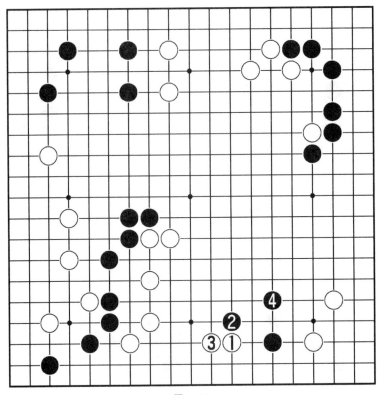

图 3-20

（图3-20）白1夹攻，是一般人的正常下法，但在此时不适用。

黑2靠后，再于4位跳起，黑棋形极富弹性，白很难再继续强有力的进攻，而且下边并没得到很多实空，这样的攻击不能算是成功。

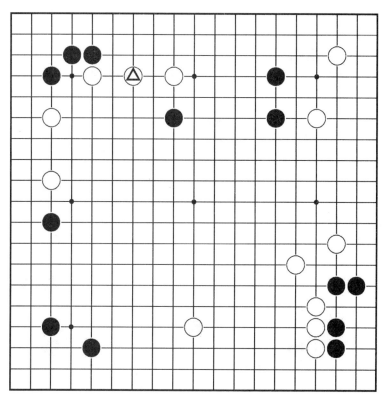

图 3-21

（图3-21）现在的局面是，黑取实地，白取外势。

黑通过攻击上边白棋，顺势把右边和下边白的外势消减。

那么，黑应采取什么样的攻击方法呢？请充分利用白△的问题。

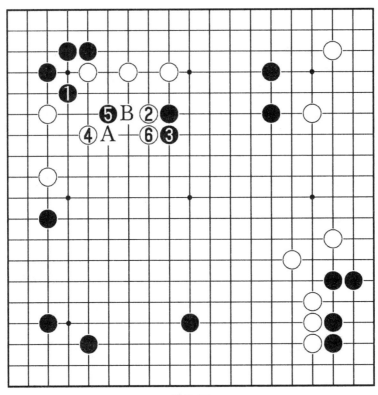

图 3-22

（图3-22）可以肯定地说，黑棋绝不能让白棋的上边和左边轻易联通。否则，黑将无法对白棋进行有效攻击。

黑1尖出是必然的一手，至此，白苦战。

白2靠出，黑3退是厚实的下法。白4飞是煞费苦心的一手，但黑5飞是冲击白薄味的要点。白不能在A位压，被黑B位顶后，白不行。白6贴后，不能说万事大吉。

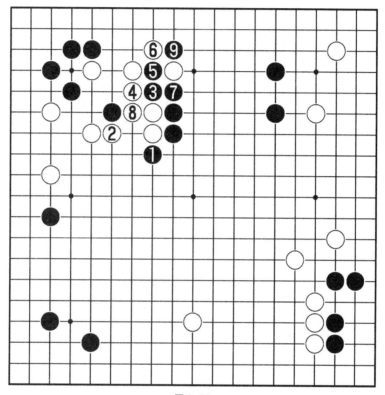

图3-23

（图3-23）接前图。黑1扳，是严厉的一手。白2连络没办法。

黑3、5扳冲是强硬的下法。白8粘后，上边和左边虽获得连络，但黑在中腹不但获得厚味，而且在上边获得不少实地，黑攻击获得成功。

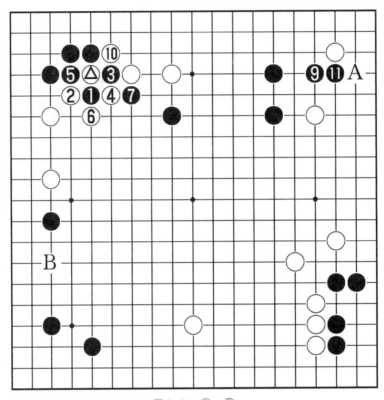

图3-24　⑧＝△

（图3-24）黑如1位夹，看似很严厉但在此时却不适用。

白2先扳，好手，待黑3打时，白再于4、6位抱打是局部手筋，这是白极易腾挪的形状。

黑7如断打，白8提形成天下大劫。以下至黑11转换结果，白明显好。因为，白在右上角A位扳仍留有余味，而且左边B位的打入也很严厉。

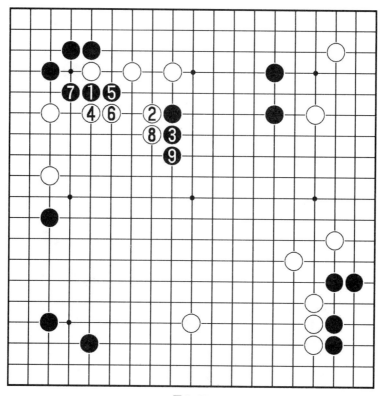

图 3–25

（图3–25）黑1夹时，白直接在2位靠出不是好棋。

黑3长出，顺势补强了中腹。以下至黑9长，白棋把黑中央走厚。不能满意。

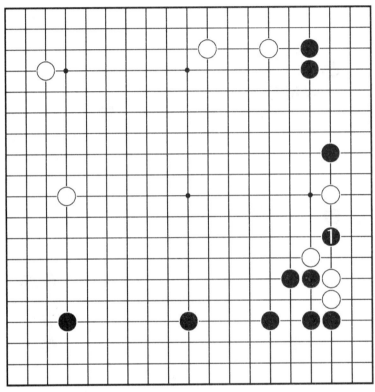

图 3-26

（图3-26）这是一盘让三子棋的局面。

黑1打入来势汹汹，似乎很有力量，但白有好手可巧妙地化解黑方的攻势。这个变化是实战中最为常见和实用的，请业余爱好者务必学会运用。

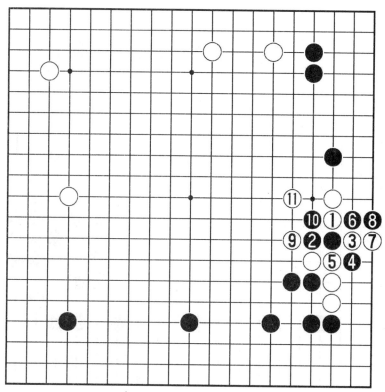

图 3-27

（图3-27）白1顶是腾挪的手筋，当黑棋冲出后白好像成四分五裂的形状，但这只是感觉而已。

黑2冲出也只能如此，紧接着白3、5扳断是好手，也是本形最关键的。黑6断打时，白7立又是好手，从此拉开了弃子的序幕。

黑8打必然，白9、11打后再枷仍是好手，继续贯彻弃子的方针。

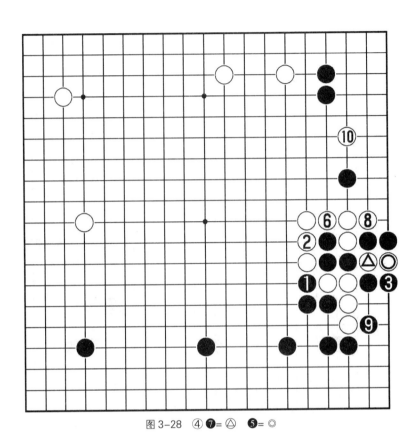

图3-28　④**❼**=△　**❺**=◎

　　（图3-28）接前图。黑1断吃白四子，是没办法的下法，也只能如此。

　　白2打后，再于4位扑是基本手筋。以下至白8先手挡，一气呵成，痛快至极，形成一道强大的厚势。然后再于10位打入，白弃子作战成功，这就是手筋的威力。

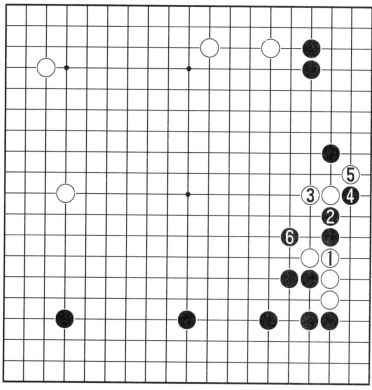

图 3-29

（图3-29）当初黑打入时，白1接是无能的下法，正是黑棋所期待的。

黑2顶是强手，白3长时，黑4、6扳跳，是连贯的好手。白被黑一分为二，显然失败。

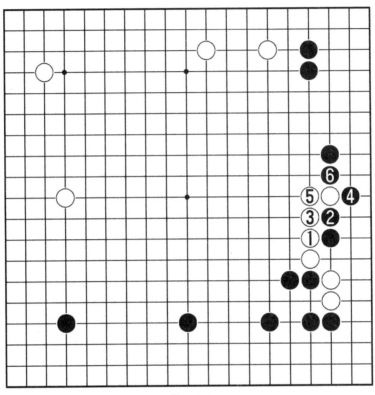

图 3-30

（图3-30）白1压，是没有经过思考的下法，也说明了执白的棋手不懂基本手筋。

被黑2、4简单渡过。以下至黑6顶，白全体处于无眼状态，白失败。

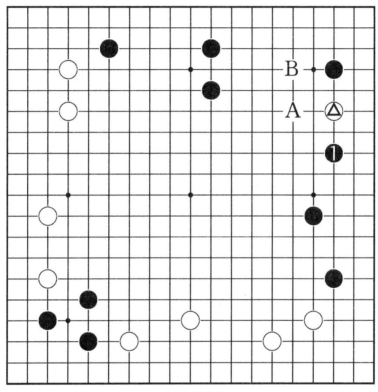

图 3-31

（图3-31）布局基本已结束，面对白△的打入，黑1夹攻白一子大致如此。

那么，白棋如何应对呢？如果平凡地在A位跳，被黑B位单关补角，白只能盲目地向中央乱跑，显然很被动。请开动脑筋寻找灵活的腾挪方法。

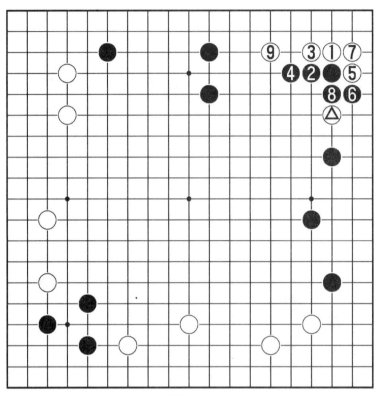

图 3-32

（图3-32）白1靠三·3是局部的腾挪手筋。

黑2如长，白3先爬，然后再在5位扳是次序。以下至白9，虽然弃掉
△一子，但获得了角上的地盘，白作战成功。

可以分析一下这个结果的变化，等于是星位一间低夹的定式，但白
挂黑星位时，黑肯定不会一间低夹。因此，这个变化黑失败。

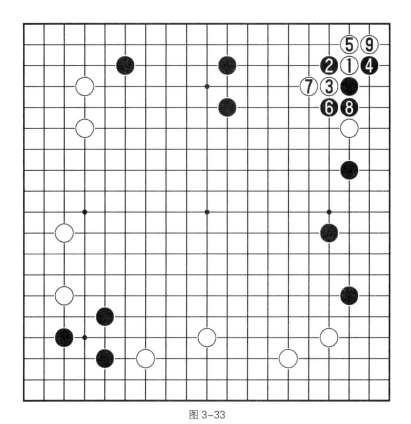

图 3-33

（图3-33）白1靠时，黑若2位扳，白3扭断是形的手筋。

以下至白9拐角，形成了与黑占2位小目，白大飞挂角的定式一样的变化，白依然成功地进行了弃子转换。

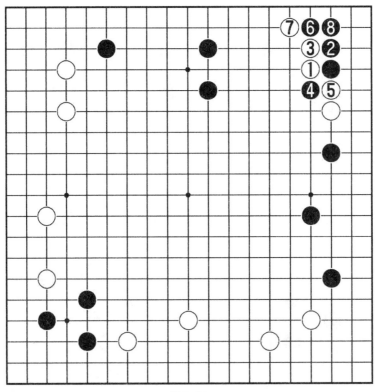

图 3-34

（图3-34）白1这边靠会怎样呢？

黑2单长是冷静的一手，对此白有些不好办。白3如强行挡下，黑4扳断是严厉的下法，以下至黑8粘，由于黑征子有利，白被分成两块棋，黑作战明显有利。

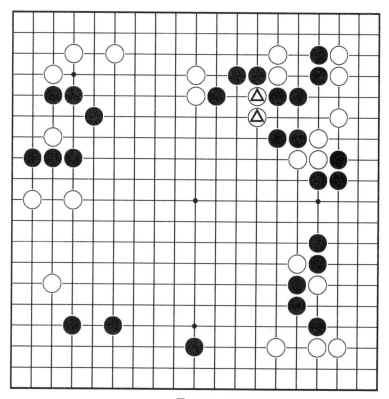

图 3-35

（图3-35）现在，右上角正是双方攻防要点，两个白△子很引人注目，必须对此施加点手段。

请注意此形的攻防要点。

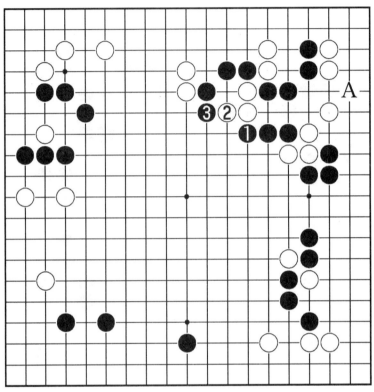

图 3-36

（图3-36）黑1压是棋形的要点，颇为有力，大有泰山压顶之感。

白2如逃出，黑3可顺势出头，由于上边白两子位置不好，白跑出两子并无太大意义。同时，黑棋还瞄着A位的点。白显然作战不利。

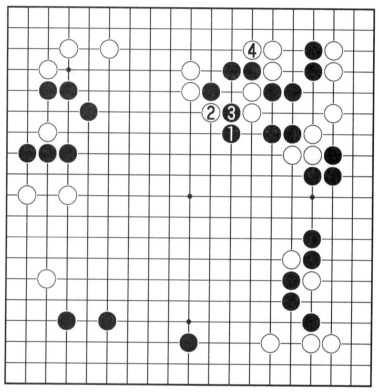

图 3-37

（图3-37）黑1飞枷，看起来很严厉，白两子似乎也跑不出来。但由于黑棋形状味道很恶，白肯定有手段对黑进行冲击。

白2先扳，待黑3挡后，再于4位曲是极漂亮的着法。可以这么说，能在一瞬间看到白4这一手筋的人，已具有相当的棋力。

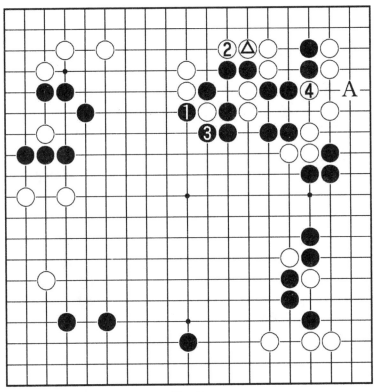

图 3-38

（图3-38）接前图。白△单曲是意味深长的一着好棋。

黑1断打，大致如此，白2爬是先手渡过，心情颇为愉快。然后白再于4位挤，在获得便宜的同时，也缓和了黑A位点的手段，黑失败。

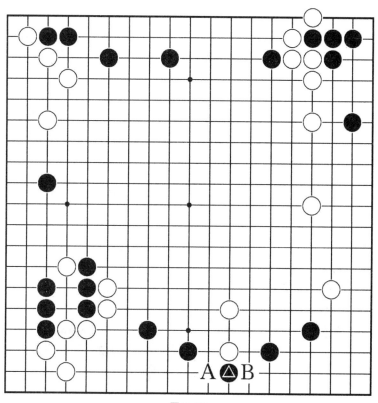

图 3-39

（图3-39）现在是黑▲托准备渡过的局面，白棋如果轻易让黑棋渡过显然失败。

一般人的感觉只有A、B两点可下，充其量也只是考虑在哪边扳下，这样未免太无趣。

请把思路放开一点，白棋有攻防的手筋。

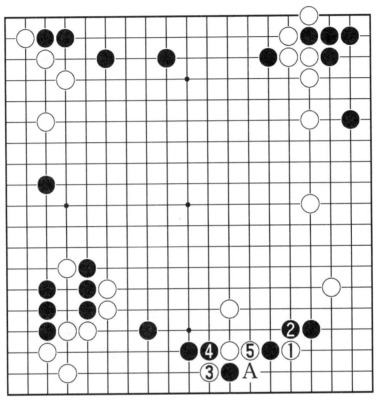

图 3-40

（图3-40）白1靠是攻防的手筋。

黑2挡大致如此，然后白再3位扳是绝好的次序。黑4断时，白5顶，黑已经无法渡过。

由此可以看出，白1和黑2的交换起了很好的作用，黑已无法在A位渡过。

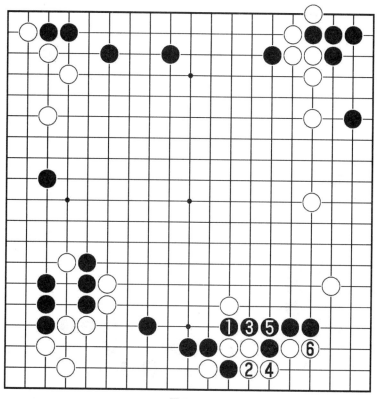

图 3-41

（图3-41）接前图。对黑来说，也有一步有趣的手筋。这里黑1如挖的话，白怎么办呢？

对此，白2拐吃是正确的下法。以下至白6双方成必然，白上边虽被分断，但白在下边获得了不少实利，可以满足。

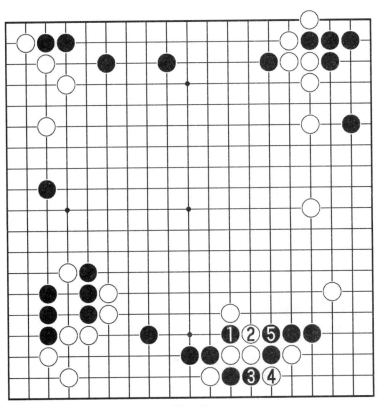

图 3-42

（图3-42）黑1挖时，白如随手在2位应，则是上当受骗之着。

黑3爬渡成立，当白4断打时，黑5粘后，白不行。白4如在5位断打，被黑4位接，白棋一无所获，显然失败。

黑1的挖入是妙手，对此白不能随手而下，否则黑可达到目的。

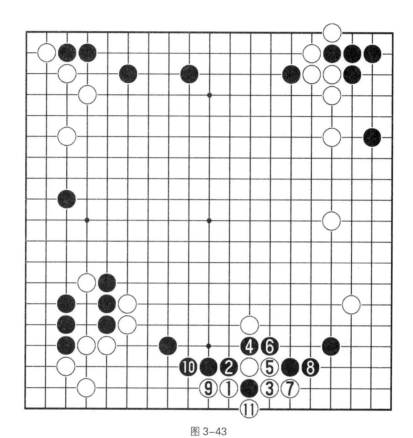

图 3-43

（图3-43）白1直接扳出是无谋的一手。

黑2断必然，以下至白11，白棋上边不但被分断，而且还须后手做活，明显失败。

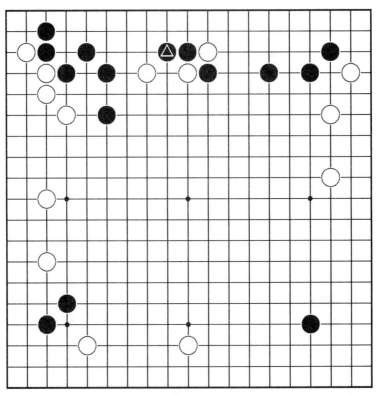

图 3-44

（图3-44）现在，黑▲长，上面的战斗似乎比较复杂，黑白双方相互断开，有些看不清楚，白棋怎样处理好呢？

白棋着法一定要轻灵，因为这是黑棋的势力范围，不宜行棋太重。

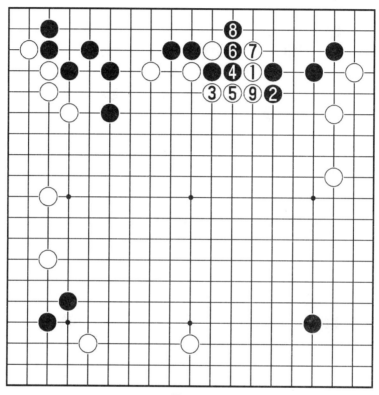

图 3-45

（图3-45）白1碰，是此形灵活的腾挪好手，在实战中具有很强的实用性。

黑2若长，白3打吃必然。黑4长，白5、7可顺势打下去，然后再于9位粘。白棋通过舍弃一子，把棋形走厚，应该说处理得非常成功。

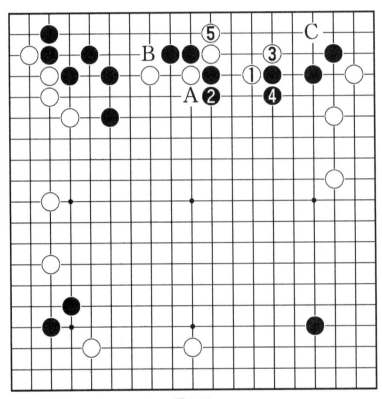

图 3-46

（图3-46）白1碰，黑2长这边如何？

白3先手扳后，再于5位立，由于有A位贴和B位挡的各种利用，加之还可C位飞。所以，活棋应该不成问题，白也可以满意。

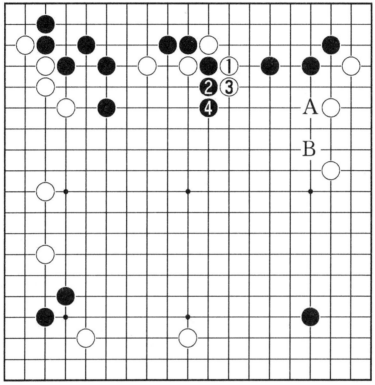

图 3-47

（图3-47）白如1位直接打吃，这是典型的俗手。

黑2长出后，白棋就很难办了。即使白3位贴出，黑4仍长，由于有A和B位等处的各种利用，白棋作战明显不利。

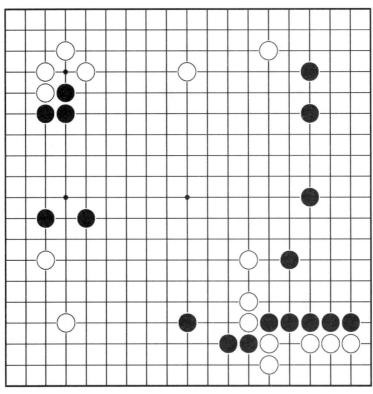

图 3-48

（图3-48）布局刚刚结束，很明显焦点在中腹的三个白子和下边的
三个黑子。

看起来局面有些不太明朗，其实仍有必然之着。考虑问题时要有大
局观。

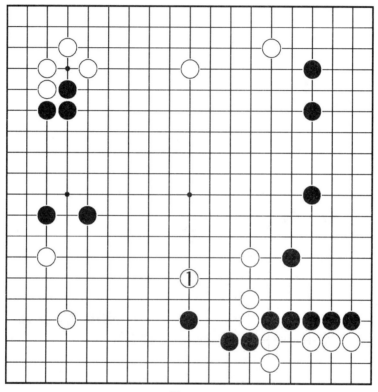

图 3-49

（图3-49）白1镇是攻防的要点，也是此时的必然之着。

　　就因为有了这一手后，白中腹得到加强，棋形舒展，黑棋还要补强下边三子，白又可脱先。由此可见，白1是纵观全局的好手。

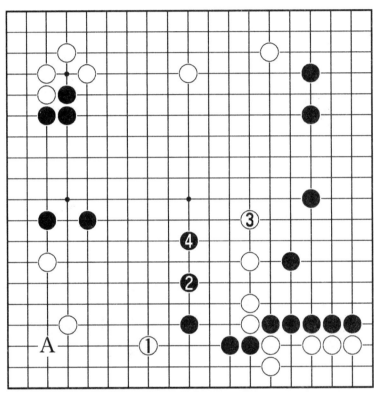

图 3-50

（图3-50）白1逼，看起来似乎很强硬，其实是贪图小利之着。

黑2、4向中央跳起后，可顺势对白中央四子进行攻击，从全局来讲，白棋明显被动。而且，左下角仍留有A位点三三的手段，白不充分。

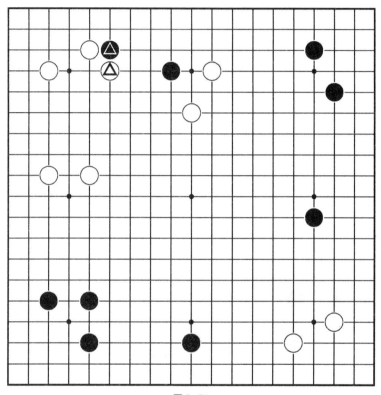

图 3-51

（图3-51）面对白的攻击，黑⓿碰是腾挪的手筋，也是实战中常用的下法。

现在，白⬠扳，黑应采用什么样的腾挪方法，可以对将来的作战起决定性作用。

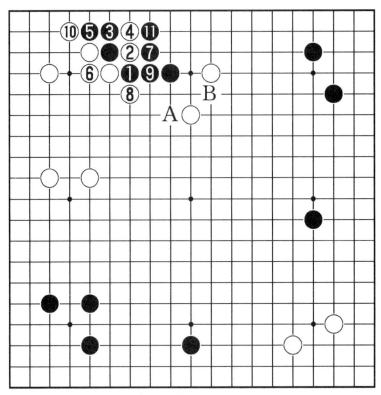

图 3-52

（图3-52）黑1连扳是腾挪的急所，也是此形的最佳一手。

白2、4打贴是最强的下法，黑5曲、白6粘均是必然的一手。

以下进行至黑11，黑轻松地在白空里做活，而且还留有A位靠出和B位跨断的余味，黑成功。

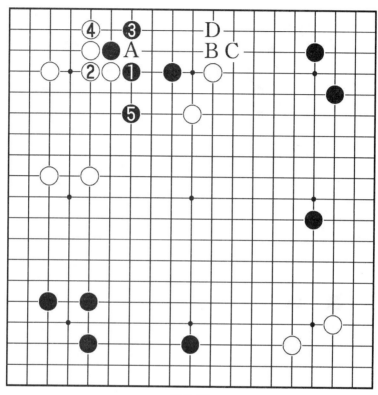

图 3-53

（图3-53）面对黑1的连扳，白2单粘是本手。

黑3倒虎是求活的好形，如在A位粘是恶手。白4立只能如此，否则黑在4位扳成活形。

至黑5跳出，不但出头很畅，而且今后在B位托，白C、黑D立，黑棋可轻易做活，黑十分满意。

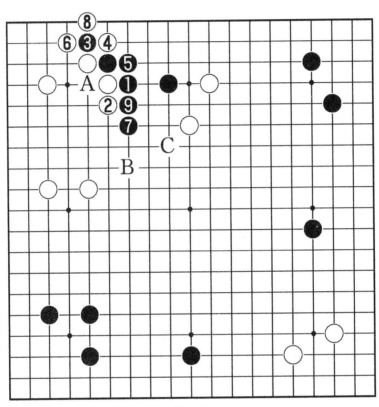

图 3-54

（图3-54）对黑1扳，白2位长中央如何呢？

黑3连扳是腾挪的手筋，目的是给黑棋留有各种利用。白4、6吃黑一子必然，黑7单跳是好棋。白棋为了不给黑留有A位断打的借用，只能在8位提一子。

黑9粘后，白如B位镇，黑可C位出头，白并无严厉的攻击手段，黑十分满意。

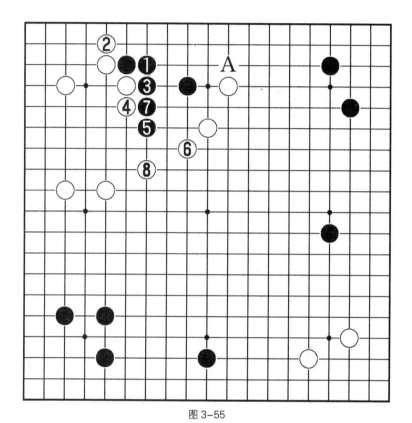

图 3-55

（图3-55）当初，黑如1位单退，则是典型的大恶手。

白2立夺取根据地必然。由于白棋的利用没了，当黑5跳出时，白6、8是攻击的强硬手法。至此，黑只能利用A位托苦活，黑显然不成功。

由此可见，在对方势力范围里进行腾挪时，一定要行棋轻灵，千万不要把棋走得太重。

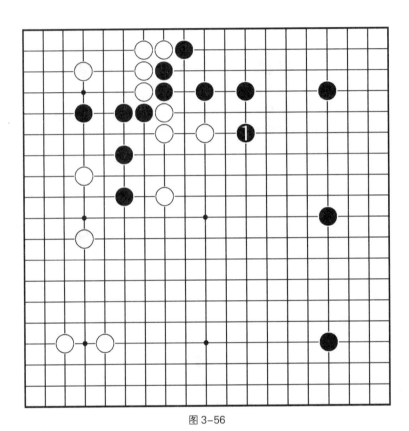

图 3-56

（图3-56）左上角的定式黑白双方互相断开，现在黑走1位跳，白棋应看破对方的意图，抓住绝好时机走出下一手，惧怕对方攻击就难以掌握主动权。

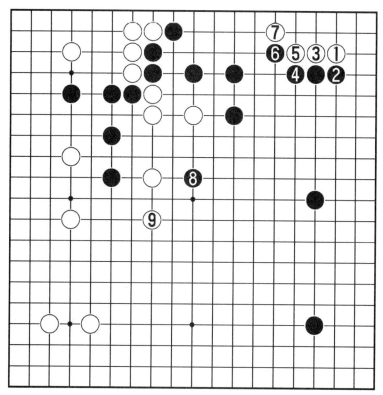

图 3-57

（图3-57）白1点三三是绝好的时机，破掉黑棋右上角的实空是当务之急，至白7扳大致如此。

黑争得先手走8位攻击白四子，但白9跳出后黑并没有什么严厉的后续手段，白在右上角获得了巨大实利，白可以满足。

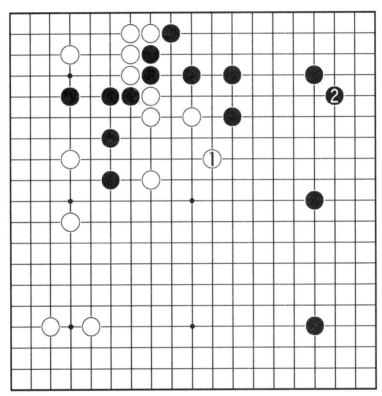

图 3-58

（图3-58）白1飞补虽然是厚实的一手，但黑2尖角实在太大了。

由于右上角黑棋的实地相当可观，白棋序盘行棋速度有些慢，全局有落后之感。

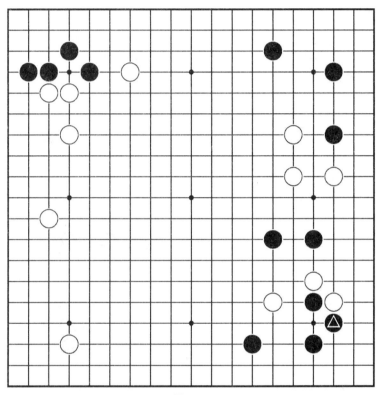

图 3-59

（图3-59）现在的焦点肯定在右下角，双方从此进入战斗。

黑❹虎后，白如何应对呢？

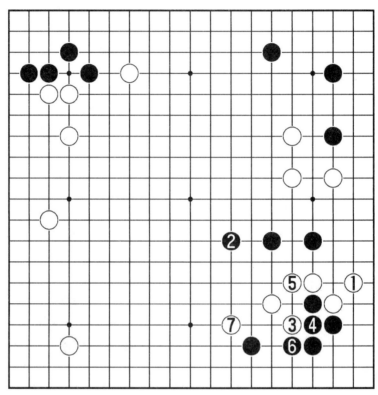

图 3-60

（图3-60）由于右下角黑棋势力较厚,白做轻处理才是正确的思路。

因此,白1虎是腾挪的好手。黑2跳出大致如此,白3先刺,再于5位长是联络的绝好次序。黑6拐也没办法,被白7飞出后,白已向中央发展,充分可战。

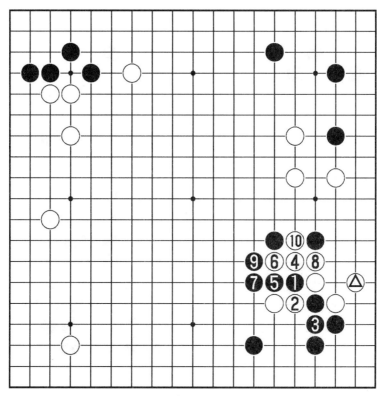

图 3-61

（图3-61）白△倒虎时，黑如1位扳断，正是白棋所欢迎的下法。

白2断必然，以下进行至白10，双方大致如此。由于白在右边获利很大，是白有利的结果。

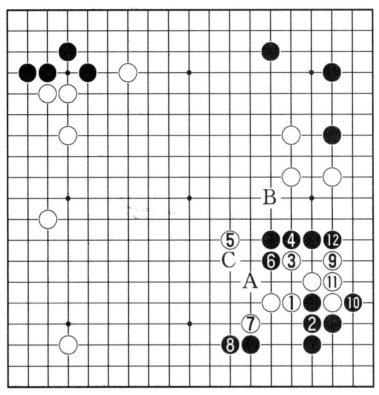

图 3-62

（图3-62）白1打后，再于3位刺，看起来是先手便宜，实际却是大俗手。这在业余棋手的对局当中经常可以见到。

白5镇，看似很严厉，其实是一种错觉。被黑6曲后，白并无后续手段。以下至黑12挡，白如A位尖，则黑B位跳，以后还留有C位跨断的手段，白不行。

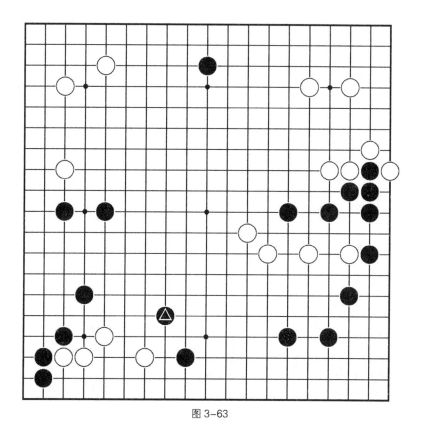

图 3-63

（图3-63）现在是黑▲飞攻的局面。白棋如何整理棋形呢？黑的意图是在攻击白棋的过程中，使周围的黑棋得到巩固。

如果白棋只是为了安定，那倒很简单。而现在的关键是整理好棋形。

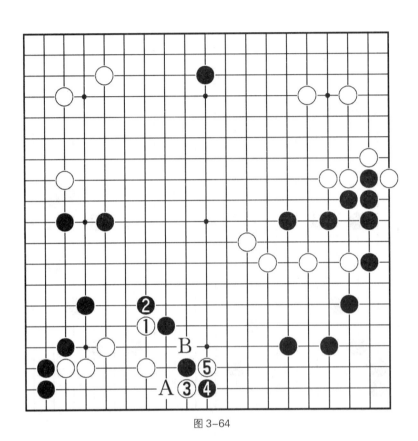

图 3-64

（图3-64）白1靠，与黑2交换一手，再于3位托是绝好的次序。

对黑4扳，白5扭断是常用的手筋。如果黑A位打吃，白B位反打，黑不行。

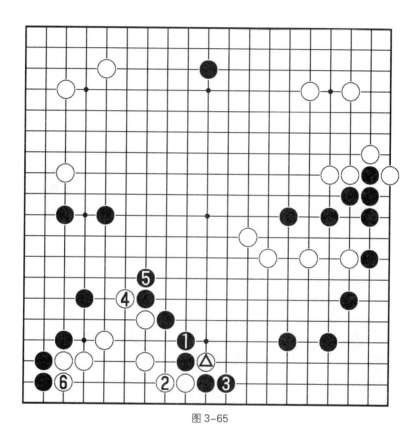

图 3-65

（图3-65）接前图。为了避开白棋的反打，黑棋只能在1位长。

白2退，黑3长均成必然，以下至白6做活可以看出白△一子起了作用，这手棋作为伏兵将来在右边着手时能发挥意想不到的作用。

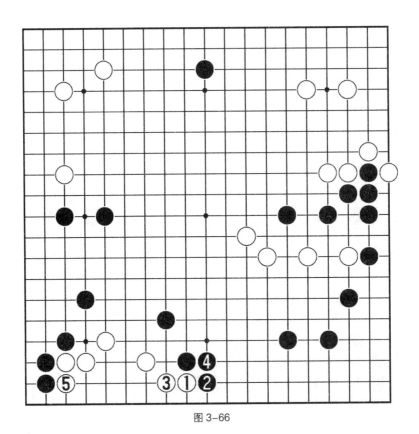

图 3-66

（图3-66）白1、3托退是乏味的下法，至白5虽也能做活，但将来想对右下的黑棋施加手段时，找不到好的着手点。

本图与前图的差别虽然很小，但是棋艺水平的高低正是表现在这种差别之中。

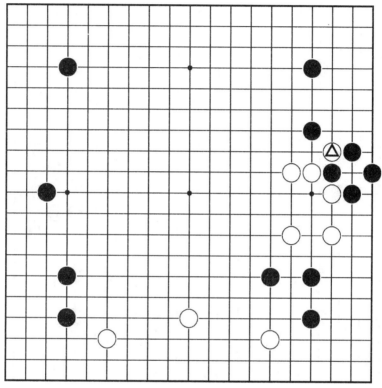

图 3-67

（图3-67）这是一盘让四子棋的局面。

右边是实战中常出现的棋形。现在，面对白△的打吃，黑采取什么样的对策呢？

作为让子棋，黑棋不能太手软，否则，将难以取胜。

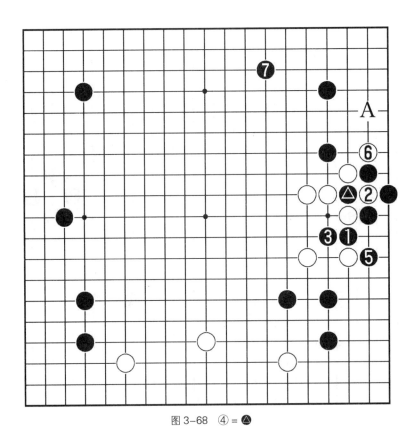

图 3-68　④ = ▲

（图3-68）由于黑棋四周的势力均很强，所以，黑1打吃是反击的急所。

白2提劫时，黑3长出又是强手。由于白棋无劫材，只能忍耐在4位粘，被黑5虎后，右边黑地更坚固。以下至黑7大飞守角后，仍留有A位的攻击手段，这是黑充分可下的局面。

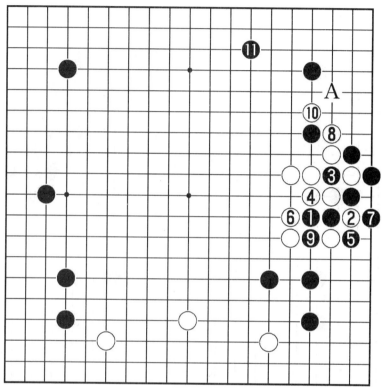

图 3-69

（图3-69）黑1长出时，白如2位强行打吃如何？

被黑3提劫，由于白没有劫材，只能在4位粘，黑5、7提一子右边更厚实。

至黑11止，黑十分满意。以后黑A位的尖是绝好的一手。

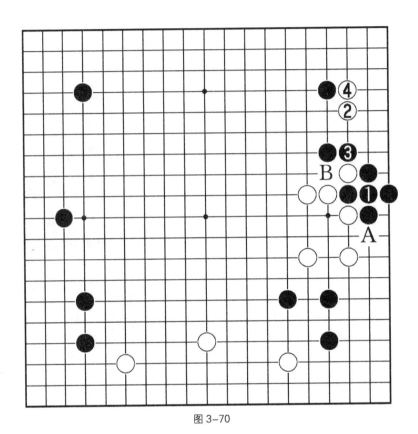

图3-70

（图3-70）黑1粘是笨重的一手，企图让白在A位虎，黑B位补，黑万事大吉，但这只是一厢情愿。

白2直接点入是漂亮的一手，黑3只能如此，被白4长角后，黑不能满意。

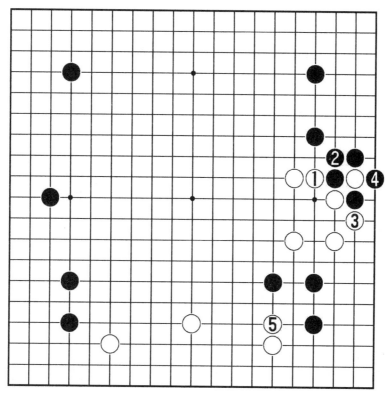

图 3-71

（图3-71）当初白1打时，黑2粘是软弱的下法。

被白3先手整形后，再于5位并，黑右下角变薄，也不能满意。

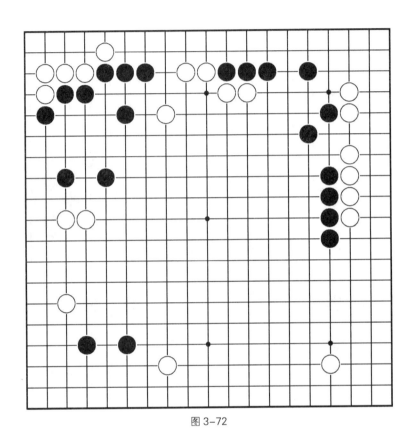

图 3-72

（图3-72）目标是上边的白棋，希望击中急所，对白棋进行攻击，以夺取全局的主导权。

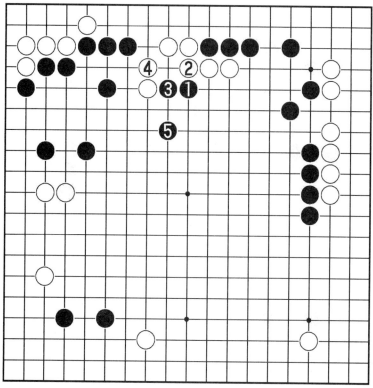

图 3-73

（图3-73）黑1点是急所，与白2交换使白棋凝重，然后再于3位长是形的急所，白4退很难受，这样白棋是缺少眼位之形。然后黑于5位跳断其退路，白苦战。

由此可见，黑棋采取严厉攻击是当然的，既然要攻击对方，首先要夺其眼位，或者使其难以做眼，然后断其退路，这才是好的攻击法。

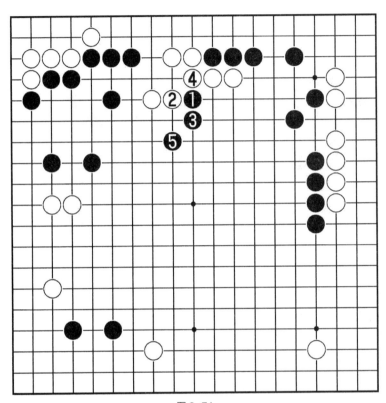

图3-74

（图3-74）对黑1点，走出前图的变化，白棋太苦了，如改在本图2位顶怎么样？

黑3长必然，白4粘，黑5尖封后，白棋仍是苦战。虽说不容易吃掉白棋，但通过攻击白棋，可以使中央变厚。中央加厚就会对下边、左边产生影响，这样可充分掌握全局的主动权。

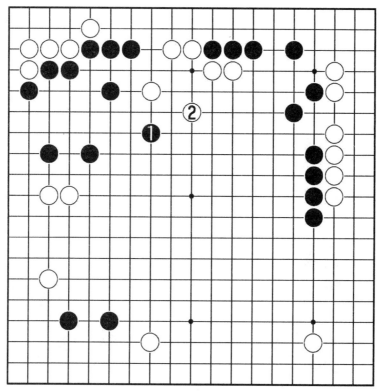

图 3-75

（图3-75）黑1镇，看似严厉，实际是不得要领的下法。

白2飞补后成好形，基本上不会受到攻击，黑棋一无所获。

下棋就是这样，要不断地给对手施加压力，如果让对方过于舒服，就很难掌握全局的主动权。

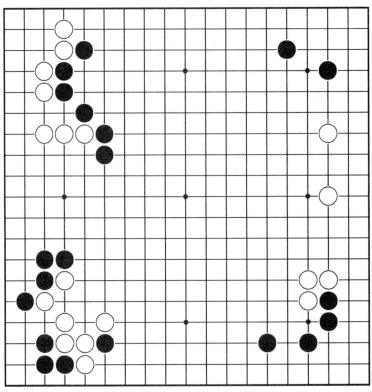

图 3-76

（图3-76）现在，上边的黑棋将形成大势，如果再让黑棋抢先走一手，那么，白棋就难以施展手段了。所以在此之前，白棋从什么地方施展手段呢？

请打破一般的思路，采取更积极的下法。

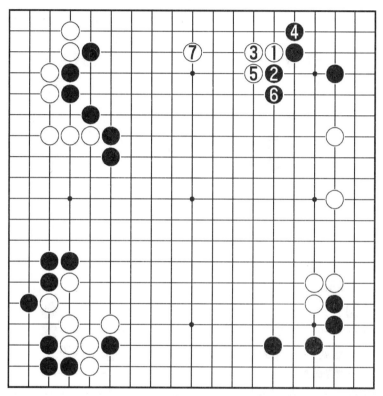

图 3-77

（图3-77）这个局面，首先应考虑两个方面。第一，右边的白棋很结实。第二，左上的黑棋漏着风，不必加以注意。具体来说，右边黑较强，即使让黑棋走向这边，对白棋也影响不大。而左上边漏风，即使去围也没什么价值。

因此，白1碰成为此际腾挪的手筋。以下至白7成为好形，而黑6长出对白右边没什么影响，白十分满足。

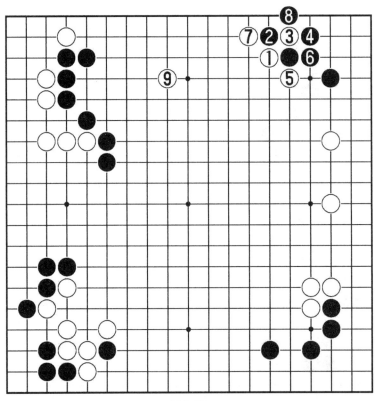

图 3-78

（图3-78）白1碰时，黑如2位扳，白3扭断是局部的常用手筋。

黑4吃住白一子，白5、7先手便宜后，然后再于9位拆，是相当漂亮的腾挪之形。

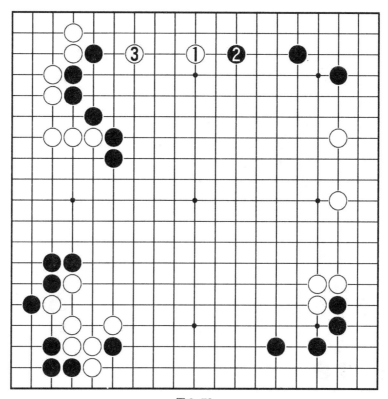

图 3-79

（图3-79）白1分投，这是常识性的着法。

黑2拆逼，白3是往黑强的地方行棋，很乏味，而且黑的左上边漏风，白不能满意。

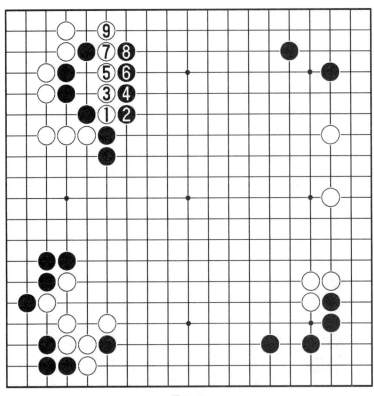

图 3-80

（图3-80）白在1位断，是不懂棋理的下法。一般来说，在这种地方断都不会有好结果。

黑2至白9顺势弃子，由于黑的厚势的价值胜过白的实利，白显然失败。

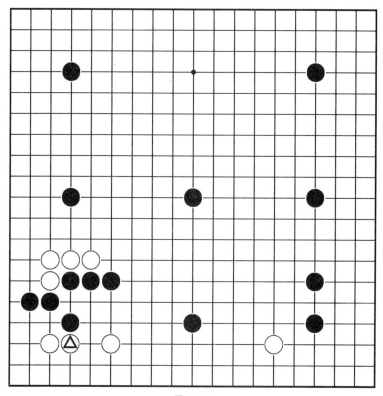

图 3-81

（图3-81）这是一盘让七子棋的局面，应该特别注意，与让六子棋相比，天元一子的势力对攻防将产生至关重要的影响。

现在，左下角是让子棋中双飞燕定式形成的局面。白△爬后，黑怎样应对呢？

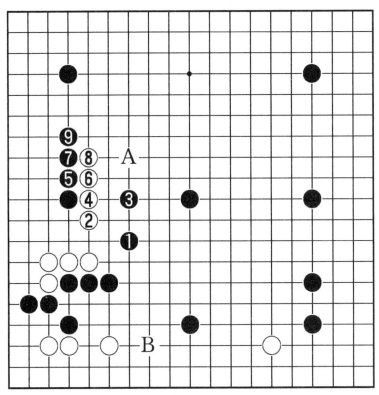

图 3-82

（图3-82）黑1飞，是攻防的要点。

白2跳出必然，黑3继续追击是和黑1相连贯的。以下至黑9双方大致如此，黑不但在左边获得实利，而且中央也顺势变厚。

此后，A位和B位两点成见合，黑十分满意。

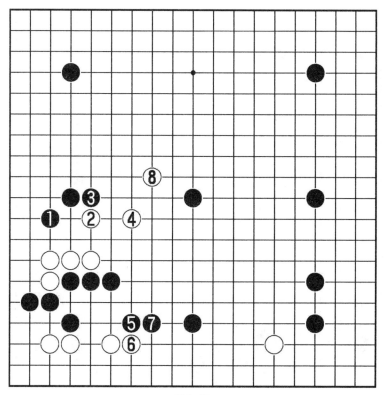

图 3-83

（图3-83）黑1尖，采取先搜根的方法如何呢？

白2、4跳出成好形，黑5、7补强没办法，否则白有攻黑的手段。

至白8飞出，黑中央的势力大大消减，而且左边的实空也扎实，作为让子棋，黑不能满意。

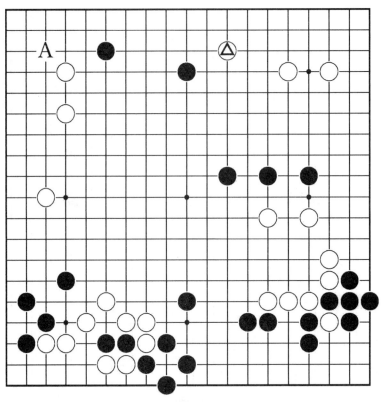

图 3-84

（图3-84）目前，白△拆逼过来，当然是好点。对此，黑如何整形呢？

现在，需要特别注意的是右边黑三子并不厚，如果急于在A位点角，全局将变薄。

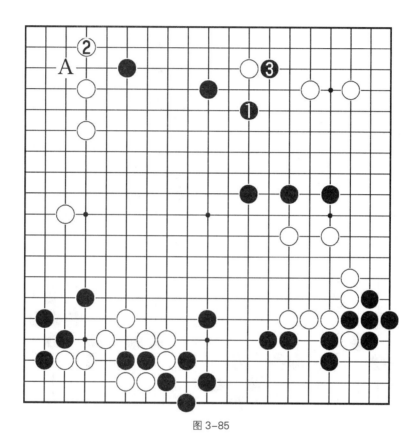

图 3-85

（图3-85）黑1飞镇是此际的正确下法，使上边和右边先联络起来。然后才能放心地在A位点三三，而且也防止白棋在右上方扩张。

为防止黑A位点角，白大概要在2位守，这样黑3靠下，黑从此处开始整形的目的就达到了。

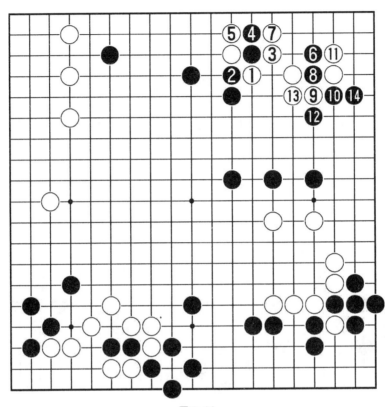

图 3-86

（图3-86）本图是前图的继续。

白1扳出，黑2断必然。对白5的挡，黑6点是绝好的手筋。

白只好在7位吃两子，然后黑8、10冲断是弃子的好手。

以下至黑14立，通过弃子，黑在外边把棋形整顿好，黑可以满足。

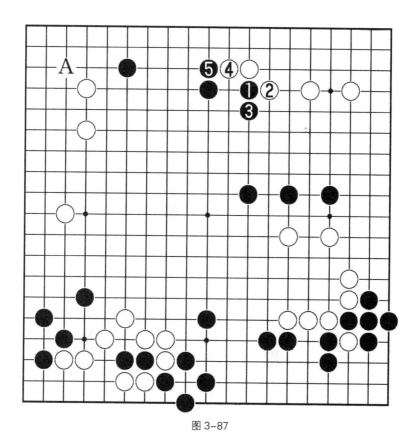

图 3-87

（图3-87）黑如果采用1、3靠压的手法，目的是想在上边成空，着法多少有些缺乏妙味。

至黑5挡，虽也和右边的三个黑子联络上了，但明显缺少了变化。如果像前图那样飞之后，可以在A位点三三，同时还瞄着右上的白棋。

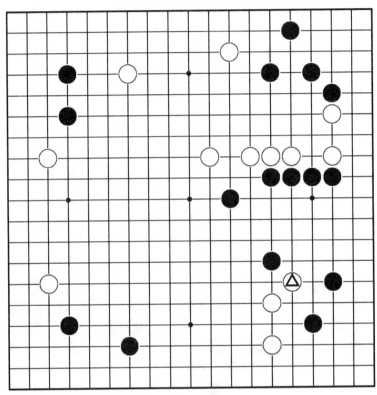

图 3-88

（图3-88）这是一盘让四子棋的局面。

现在，黑对白下边进行攻击。黑镇头时，白△小尖，企图在此先便宜一下，但这只是一厢情愿，黑有严厉的反击手段。

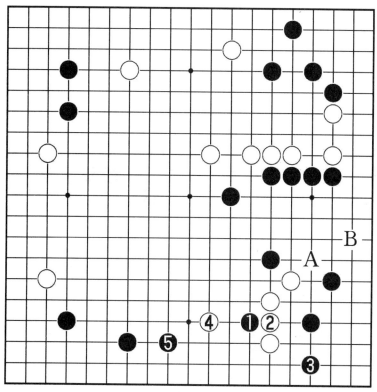

图 3-89

（图3-89）由于黑右边太厚，即使白A位尖，黑B位飞也无大碍，黑棋当然要脱先。

黑1先刺，让白棋变重，然后再于3位搜根。对白采取猛烈攻击是此际最严厉的攻击方法。以下至黑5拆逼，黑棋通过攻击获得不少实地，而且白棋还需要处理这块棋，黑显然优势。

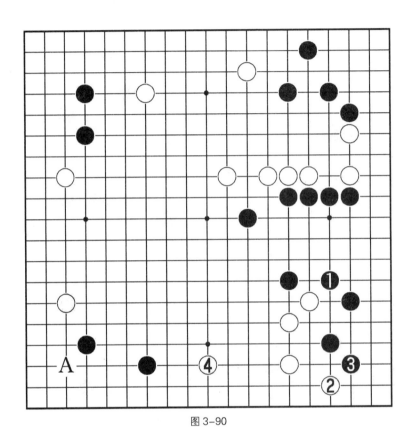

图 3-90

（图3-90）黑1尖，是软弱无力的下法，明显在厚势里围空。

被白2、4轻易在下边处理好，还留有A位点角的手段，黑显然失败。

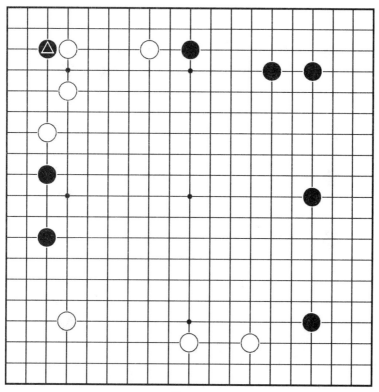

图 3-91

（图3-91）这是一盘黑三连星、白星和小目单关守角相对抗的布局。

现在，黑▲碰是实战中经常见到的一手，目的是试问白棋的应手。

那么，白棋的下一手必然识破黑棋的意图。

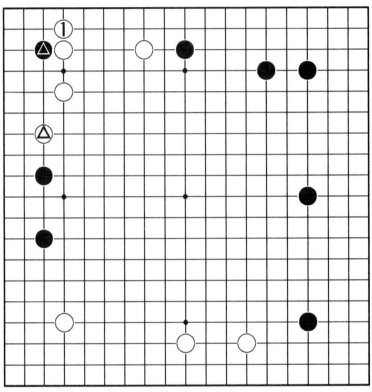

图 3-92

（图3-92）面对黑▲的碰，白1下立是冷静的手，目的是不给黑棋留有各种利用的余味。

由于白◎一子拆得很窄，白1立后，黑棋并没有好的后续手段，直接在角上行动显然无理。这样来看，黑▲的碰也就没什么可怕的了。

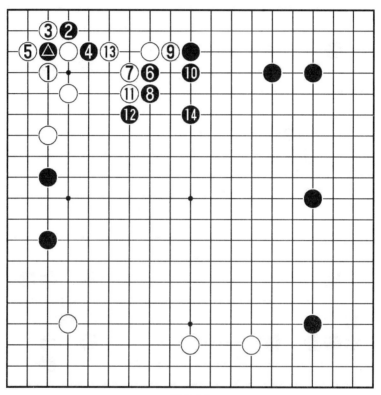

图 3-93

（图3-93）假如白在1位虎，这正是黑▲碰时所希望看到的一种结果。

黑2、4先手便宜后，再于6位靠是绝好的弃子手筋。以下至黑14跳补大致如此，黑棋通过弃子在外边获得可观的外势。相反，白棋在左上角形成重复形。从全局来看，白棋失败。

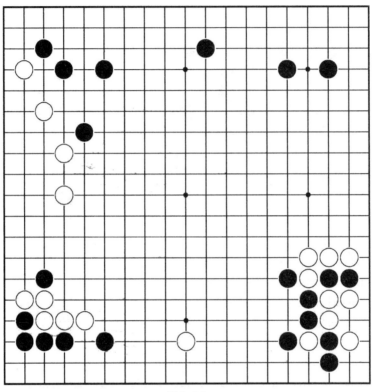

图 3-94

（图3-94）下棋应该把棋下在最有价值的地方。话虽这么说，但要发现或找到有价值的地方却很难，也可以说是相当高级的问题。

现在，对白棋来说，最有价值的地方肯定在上边。那么，白应该下在哪里呢？

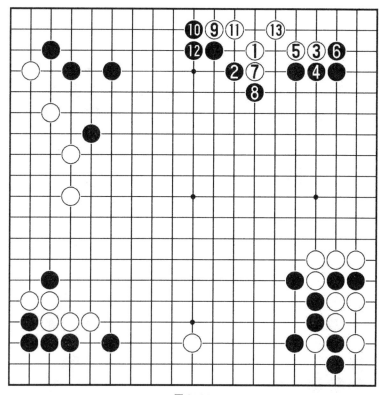

图 3-95

（图3-95）白1直接打入是严厉的一手。能第一眼就看到这手棋的人可以说是有相当实力的人。

从全局来看，白棋没有一块弱棋。另一方面，对黑来说在上边扩张的潜力很大，白棋当然不能让其发展壮大。

黑如2位尖封，白3以下活棋的着法相当漂亮，到白13轻松做活。从这个结果来看，千万不要把目光局限在白棋如何做活上，而是要认识到黑棋外边的厚势对白棋并没什么影响，特别是右下白棋是铜墙铁壁，这些要特别注意。

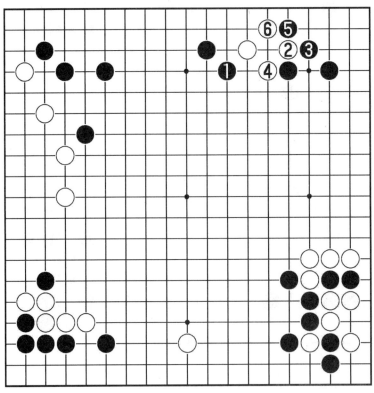

图 3-96

（图3-96）对黑1尖封，白2托的手段也可考虑。

黑3虎，白4也虎，至白6成打劫。由于白棋劫材有利，可以认为这个劫白棋可打。

总之，本图的结果还是不如前图简明。

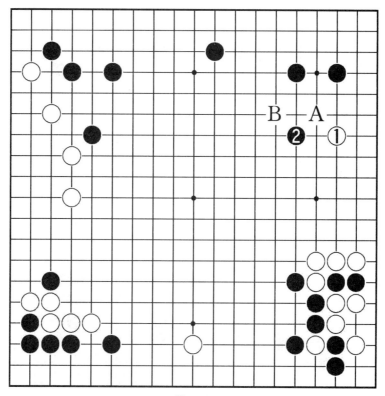

图 3-97

（图3-97）右下白棋是厚势，如果不利用它去攻击或打入，而用它去成空，这显然是违背棋理的。

白1的拆就是违背棋理的一手，被黑2镇就失去了入侵上边的机会。而白1想在右边成空的意义不大，白失败。

白1如在A位拆，则黑B位镇，白也不好。

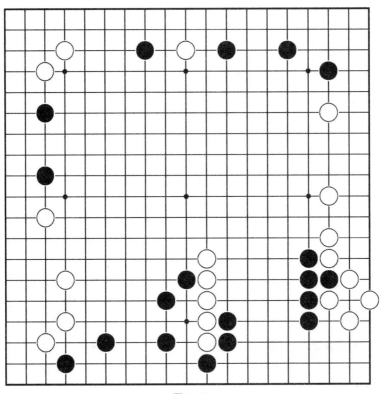

图 3-98

（图3-98）本图的中心问题是要攻击下边白五子，请制订黑的中盘作战方案。

请认真分析盘面的棋形，相信一个成熟的方案将会出现在您的脑海中。

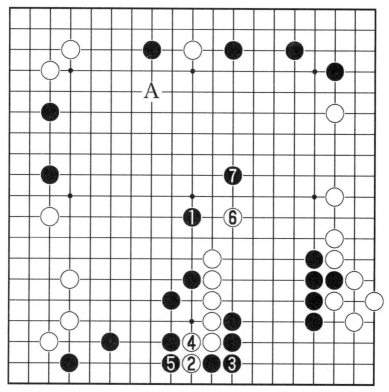

图 3-99

（图3-99）黑1罩，是八面威风的攻击手筋，仿佛张开一个大口袋，要把缺乏效率的白棋一口吞掉，这是深得要领的一手棋。

白若应以2、4位扳粘，黑5夹。白6逃时，黑再7位镇头，将来争取抢先走到上边的A位好点，黑显然成功。

黑棋的这种下法绝非要强杀白棋，而是欲借攻击筑起对己方有利的棋势。

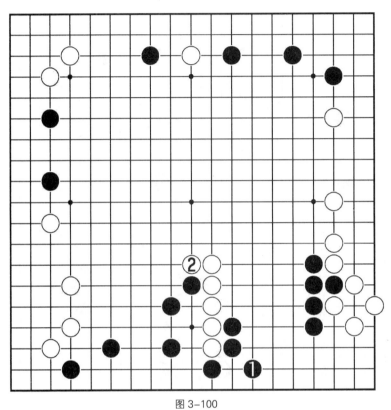

图 3-100

（图3-100）黑1虎补是本手，这是防守的下法，但有错过战机之感。

白2曲头十分有力，是好手，双方厚薄顿时颠倒。这样黑显然失去了先发制人的攻击良机。

第四章

序盘中形势的扩张与侵消

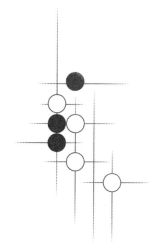

对边角上要点的争夺告一段落之后，下一步便要向中央发展了。这就是序盘中形势的扩张与侵消。

序盘中有一个重要问题，就是如何把握大模样作战的局面。在现代布局中，对布局速度很重视，通常只用几着就把角边走完，接着迅速扩张形势，力争在战略上占据主动。

序盘阶段，迅速发现和抢占那些事关双方形势消长的要点非常重要。这种"形势的要点"比任何大场都更为重要。

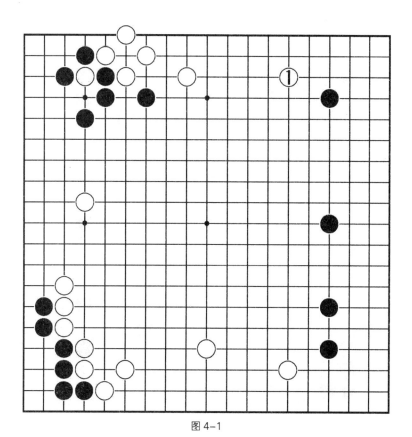

图 4-1

（图4-1）对白1挂，也许首先想到的是在此应，其实不一定要应。

现在，下边一带双方模样成互张之势，请想法找出既能限制白棋模样扩大，又能扩大黑模样的好点。

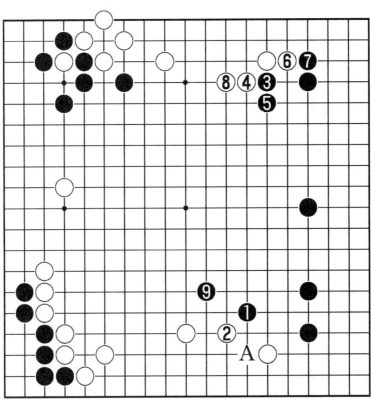

图 4-2

（图4-2）黑抢先在1位大飞是绝好点，这是扩大己方模样，限制对方模样的常用手段。

白只得在2位应，否则黑A位靠下太严厉。然后黑再于3位、5位压长扩大右边。白若8位补强上边，黑9的飞是第二座天王山，黑充分。

请记住，在"互张"模样中一步也不能落后。

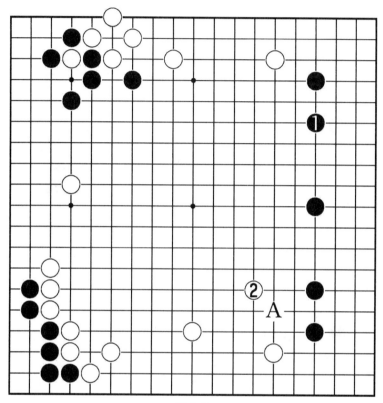

图 4-3

（图4-3）黑如平凡地于1位关应，这是白所欢迎的。

被白抢到2位大飞要点，白模样变大，相反，右边的黑模样受到限制。

白2也有在A位关起的。总而言之，右下角是双方模样的必争之处。

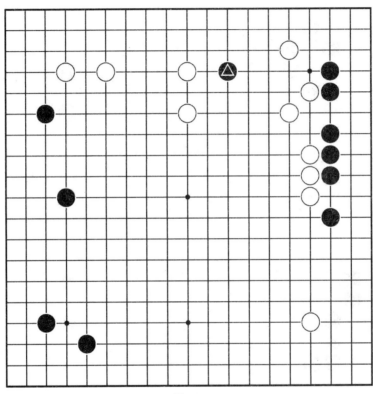

图 4-4

（图4-4）本图双方尚处于序盘阶段，现在轮到黑走。只要好好观察一下现在的棋形，便可正确地选择下一步棋。

黑△一子虽有动出的手段，但现在立即动出为时尚早。看来模样对抗是本局的焦点。

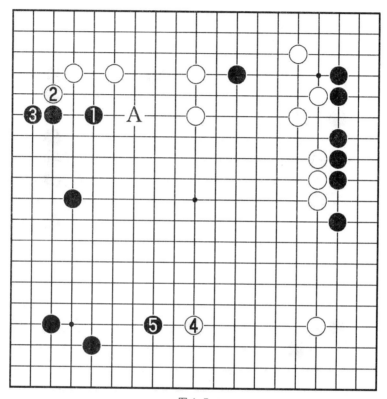

图 4-5

（图4-5）黑1跳起，此处为双方必争之要点。通过仔细观察全局的形状和整体的结构，就可以找出这一要点。

白2尖顶后，再抢占4位大场，至黑5拆，黑在左边形成可观的外势。

由此可以看出。下边不是最急的地方。而黑1后，A位仍是双方的紧要之处。

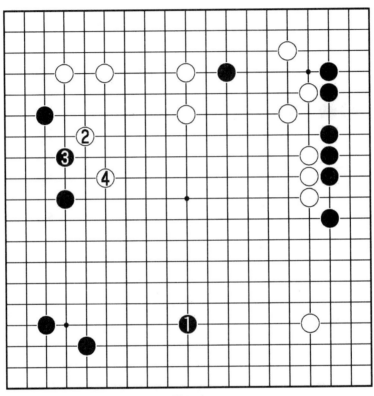

图 4-6

（图4-6）黑1当然是很大的开拆，但白2却是胜过它的好点。

黑3飞应大致如此，白4继续扩张，这使上边白的模样得以大幅度扩展。与前图相比，优劣一目了然。

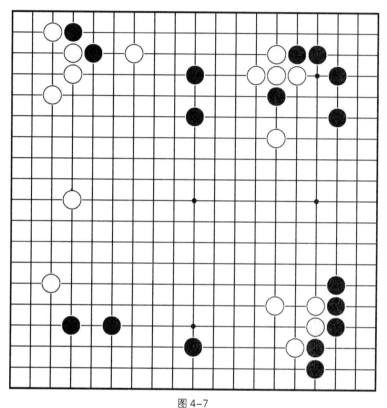

图 4-7

（图4-7）现在正是序盘进入中盘的关键阶段。请仔细观察整个局面，找到主动迈向中盘的要点。这是进攻兼构筑模样的一手棋。

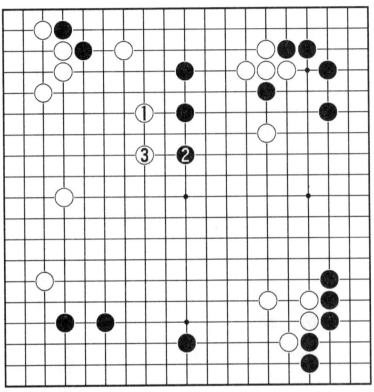

图 4-8

（图4-8）白1大飞是形的急所，该点具有扩张模样和追击黑孤棋的两种作用。

黑2跳，白3也顺势跳起，白在左边构成理想形，这将是中盘战中白棋的坚强据点。

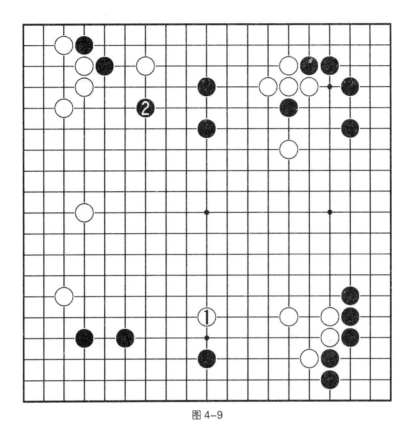

图 4-9

（图4-9）白1在下边镇虽也是好点，但相比之下，黑2之点更加紧要。
请认真体会一下本图与前图的差别。

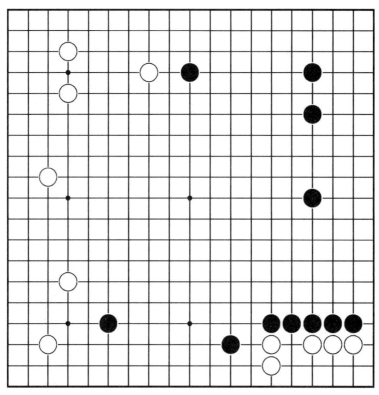

图 4-10

　　（图4-10）现在左右两边，黑白大模样相互对峙。彼此模样的交锋点，决定胜负的形势争夺点位于何处？

　　尽管好点很多，但不可忽略的点却只有一个。有一定实力的读者，相信你会一眼就能看到。

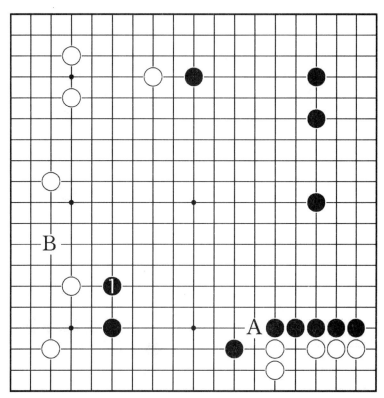

图4-11

（图4-11）黑1跳，这里是彼此模样消长、决定胜负的必争之点。

而且，黑1跳缓和了白A位扳出的手段，同时，还瞄着黑B位的打入。

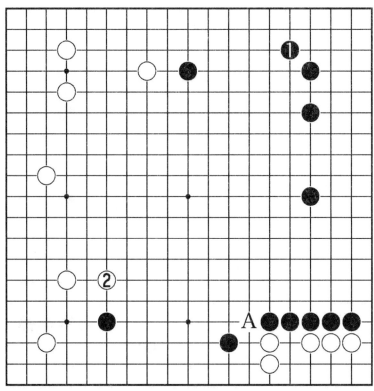

图4-12

（图4-12）如果黑简单地在右上1位守角，则被白2跳起，左边白的势力顿时扩大，右边形势感大差。黑的势力却变小。而且，一旦有了白2一子，白A位的扳出也会变得严厉起来。

本图的结果与前图相比，优劣一目了然。

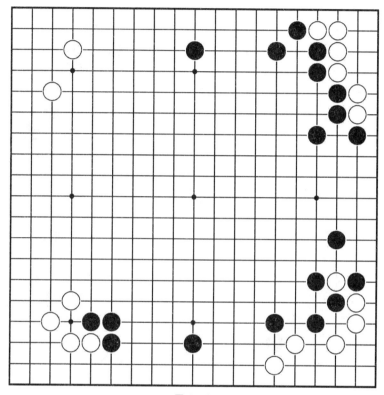

图4-13

（图4-13）本局的格局是白已占据四个角，黑构成一定模样，实属少见的布局。

现在，白可选择的点很多，白选择哪点好呢？请从全局的角度来考虑。

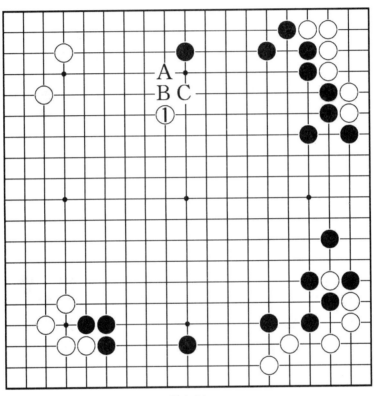

图 4-14

（图4-14）该局面白所担心的是从上边连至下边的黑的大模样。

白1侵消是要点。从全局的平衡来看，这是很有趣的着眼点。如果作为侵消点，另外还有白A和B的侵消，但白C的镇有过于深入之感。

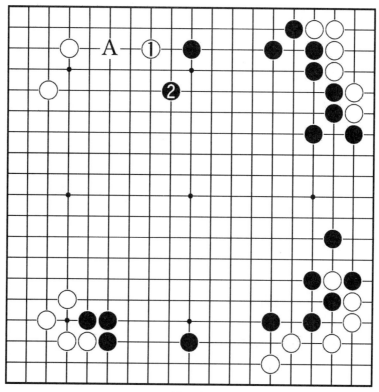

图 4-15

（图4-15）白棋如平凡地于1位拆边，正好黑2顺势飞起，白有帮黑围空之感，白明显不能满意。

当初，白1如改拆在左边大场，黑A位拆是绝好点，这样一来，中央一带的大模样就越来越大了。

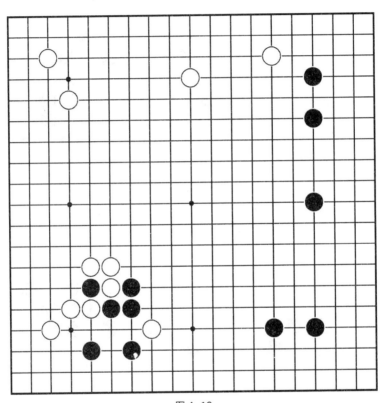

图 4-16

（图4-16）此局面成双方互张模样，局势不明朗，应把握战机。

即使在这样的场合，天王山也只有一座。用不着担心模样太大，要坚决地扩大模样。

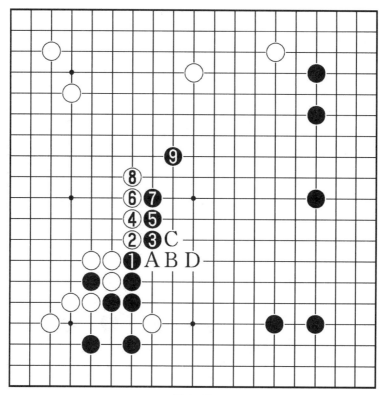

图 4-17

（图4-17）黑1的压是醒目的必争点——天王山。白如2位扳，黑3以下一气连压，然后9位飞。黑在中腹形成了绝对优势的大模样，要是像这样互张模样的话，很明显黑棋有利。

相反，如果让白于1位压，形成黑A、白3、黑B、白C、黑D的结果，就可知道1位天王山的价值了。

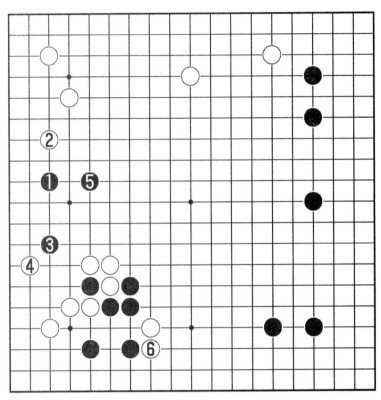

图 4-18

（图4-18）如果没有模样的话，黑1的打入也很有力。

现被白2逼，再4位搜根，由于黑棋不安全，只能5位逃出。然而，白6位挡相当严厉，弄不好黑棋要受到缠绕攻击，当然模样也化为乌有。

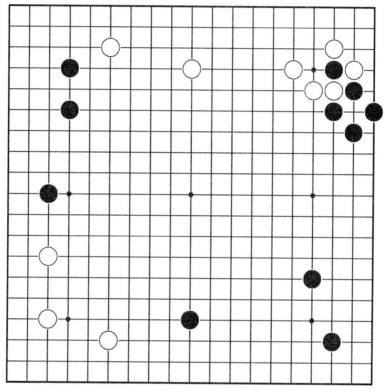

图 4-19

（图4-19）黑虽然还没有最后完成模样，但从下边到右边已经有大模样的框架。

另外，上边是白的模样。我想大家都知道哪是必争点了吧？

请注意右上高目定式以后的下法。

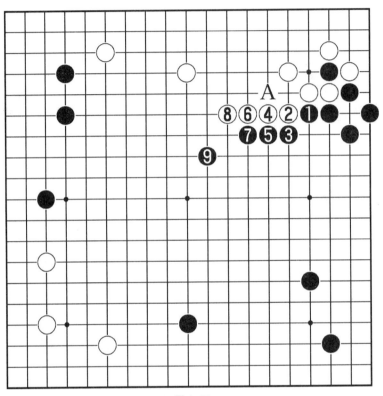

图 4-20

（图4-20）1位是模样的必争点。白如脱先，则黑A位飞压是要点。

白如2位扳应，黑3以下一路连压至黑9飞，这样不仅是右边，连中腹都成了黑压压的一片，黑取得了绝对的优势。

白2如A位尖，黑仍于5位飞起。

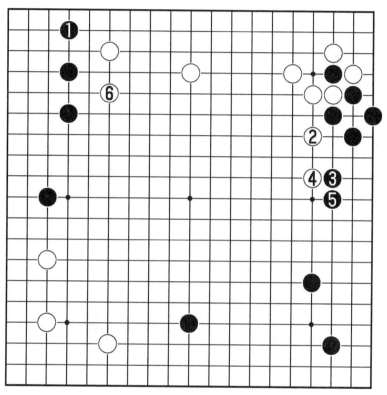

图 4-21

（图4-21）黑1虽是一步大棋，可离必争点太远了，明显脱离主战场。白2跳是绝好点，黑3不得不应，白于4位先手利后再于6位跳起，上边白模样变大，而右边黑模样的规模则大大缩小，明显失败。

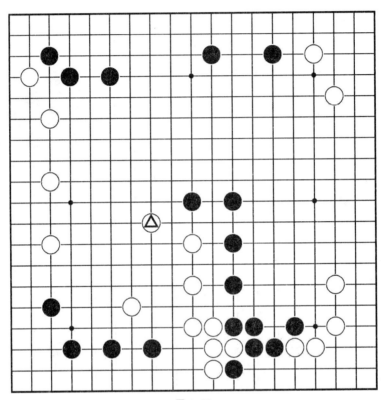

图 4-22

（图4-22）这是白△之后的局面，作为黑棋是想扩张上边的模样，另一方面，左边的白棋也似乎要膨胀起来。限制白棋的模样，扩张自己的模样是必然的想法。

那么，黑走在哪里好呢？

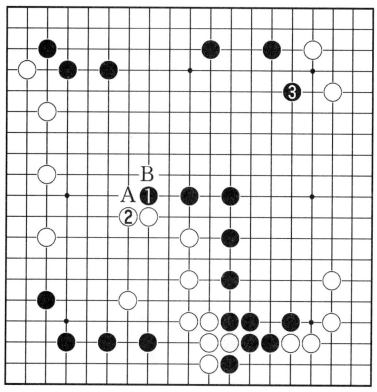

图 4-23

（图4-23）黑1靠是此际关键的一手。这手棋的目的就是对已经不能攻击的坚实之棋，即使让它更坚固一些，也没关系，这样可顺势扩张己方上边的势力。

白2退，黑先手再于3位飞，黑在上方获得可观的势力，黑十分满意。

白2若于A位扳，黑就B位长，白棋早晚还得回来补一手。

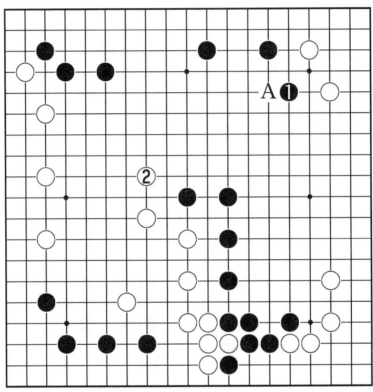

图 4-24

（图4-24）从局部来看，黑1飞确实是绝好点。但从全局来看，被白2从容地跳出，左边的白棋顿时扩张起来，相反，上边黑棋的势力变小了，黑显然不好。

黑1如在2位飞，着法有些过于缓慢，被白下到A位的绝好点，黑也不能满意。

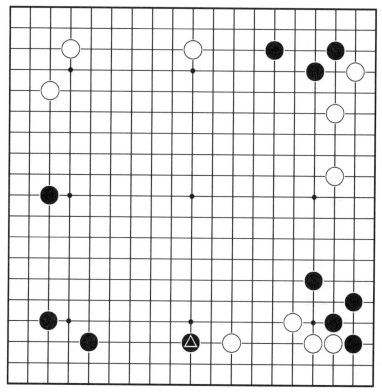

图 4-25

（图4-25）现在是黑棋在左下角形成理想的两翼张开形。

作为白棋，马上进行侵消是绝好的机会，否则再让黑扩张，白就落后了。

那么，白采取什么样的手段呢？

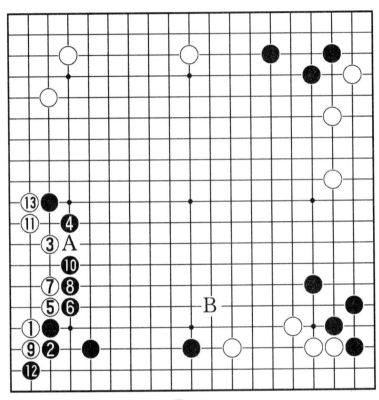

图 4-26

（图4-26）白1托，试问黑应手是绝好的机会。

黑如2位退，白再于3位打入是相关连的下法。黑4尖攻，白5、7扳长即可成活。黑4如在7位拆，则白于4位尖出。

黑8以下大致如此，至白13活出很舒服，且留有A位冲出的手段。

之后黑如A位补断，则白B位飞，由于黑棋的模样不大，白好调。

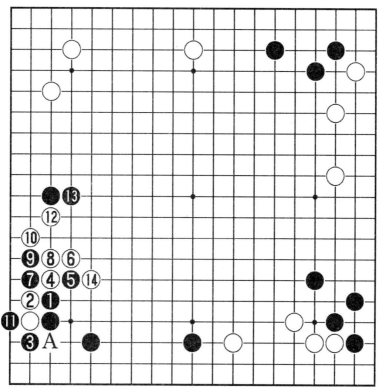

图4-27

（图4-27）黑1长时，白于2位直接爬出也是可行的下法。

黑3扳角，白4、6连扳是腾挪的好手。黑7断打，以下至白14反打，也是白充分可下的局面。

黑3如在4位长，则白A位扳活角，白十分满意。

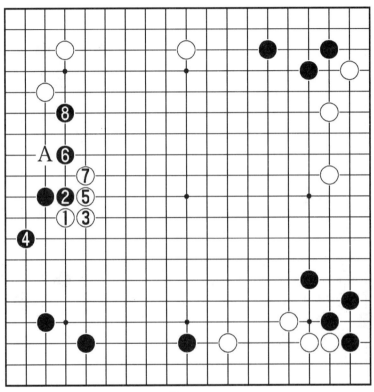

图 4-28

（图4-28）白1肩冲是实战中经常见到的一种侵消下法。

黑2、4是常见之形。白5、7只能补强中腹，但黑8跳出后，白上边的模样顺势被消减，而且中央的四个子仍须处理。因此，这个结果白不满意。

白1如直接在A位拆更不好，被黑于5位跳起后，黑左下角的模样顿时变大。

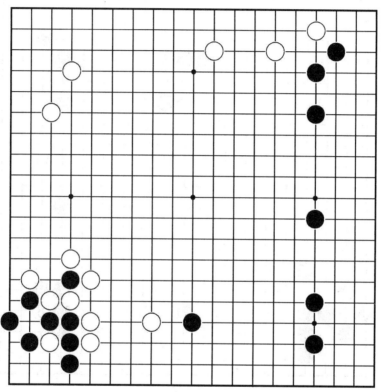

图 4-29

（图4-29）边上的开拆大致走完，双方的势力范围也已确立，今后就是互相侵入或者扩展模样的阶段了。

现在的关键是，黑棋在扩张自己时，必须考虑白棋的势力。

那么，黑下一手走在哪里是急所呢？

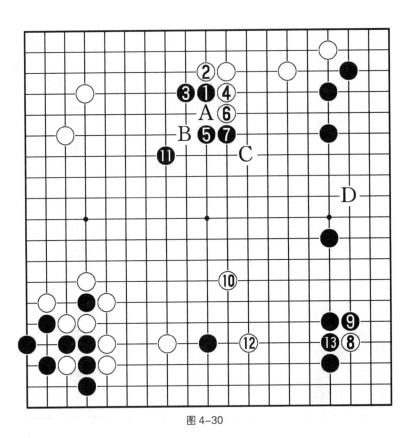

图 4-30

（图4-30）黑1肩冲是此际侵消的急所，此手不仅可侵消上边的白模样，而且具有扩大右边黑模样的意味。

白2以下至白6是实战常形。黑7挡是灵活的好手，白如走A位冲，则黑可舍弃两子于B位退，扩大右边模样。

白8先点，再于10位侵消是好设想，以下至黑13接，双方均可下。

黑7如于11位飞不好，被白于C位飞出后，不但可对黑左边进行攻击，同时还瞄着D位的打入，黑苦战。

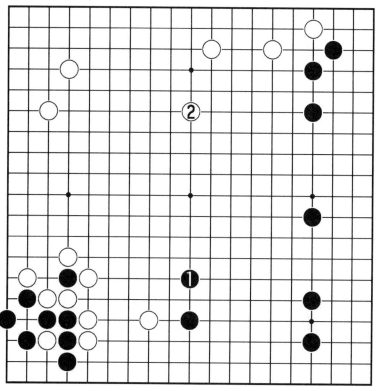

图 4-31

（图4-31）黑1跳下边，方向有误。由于左下白棋坚实，所以对白毫无影响。

白2大飞，是扩大上边模样的绝好点，这样可与右边黑模样充分对抗，黑不好。

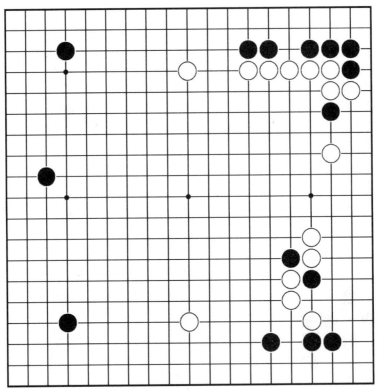

图 4-32

（图4-32）黑棋在右上右下得了实利，白棋以右边的大模样相对抗。对黑棋来说，白棋的大模样如果伸展起来是相当可怕的。因此，必须侵消这个模样，说得更确切些，下一着是限制白棋模样。

虽说是要限制白棋模样，但仅此是不够的。还必须考虑在限制对方的同时增加自己的实地或势力。

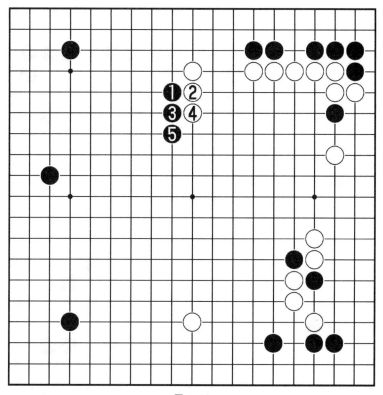

图 4-33

（图4-33）黑1肩冲，是一般人难以想到的绝好点，给对方一种压迫的感觉。

白2只能贴，如被黑在2位压，难以忍受。黑3、5顺势长出，由于黑比白快了一步，既限制了白的模样，又扩张了自己的模样，黑充分可战。

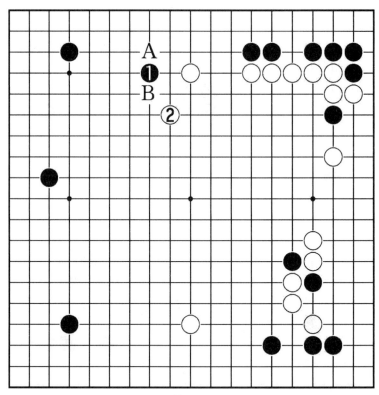

图 4-34

（图4-34）黑1拆，是大多数人的第一感觉，但思路不够开阔。

被白2飞后，白棋的局面就广阔了。

黑1如在A位低拆就更不好了。白B位飞镇后，白的模样就更广
大了。

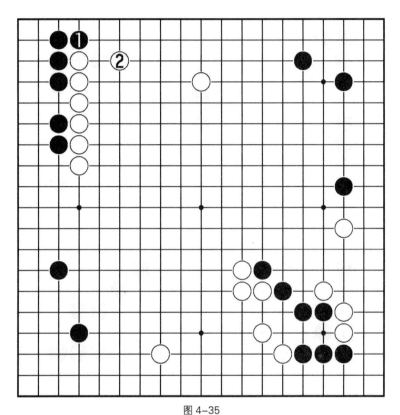

图 4-35

（图4-35）黑1拐是先手利，白2跳后，白在中央已具有一定模样。

在此局面下，黑应充分考虑白在右边的薄弱处，为侵消中央创造有利条件。

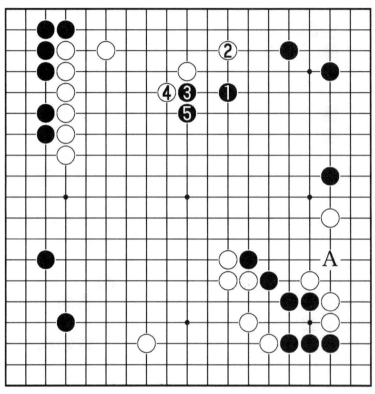

图 4-36

（图4-36）黑1走在五路上，此手不是一般的构思，这是一步一举三得的好手。

黑的下一手可于2位守上边，又可于3位靠，同时还瞄着右下A位的打入。由此可见黑1的深层用意。

白如2位飞，黑3、5压长是绝好步调。由于上边白棋有弱点，白不可能构成大片实地，而黑侵消了中央白空，从而确立了优势。

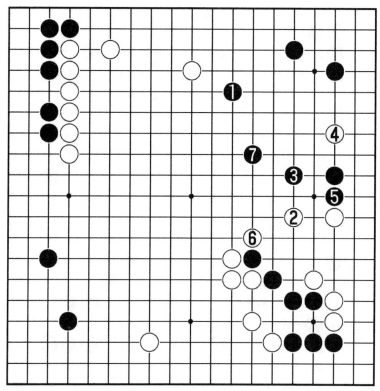

图 4-37

（图4-37）对黑1，白如2位跳补右边，黑3也顺势跳出。

白4打入无理，黑5顶，阻止白棋渡过是强手。至黑7围空后，白显然不行。

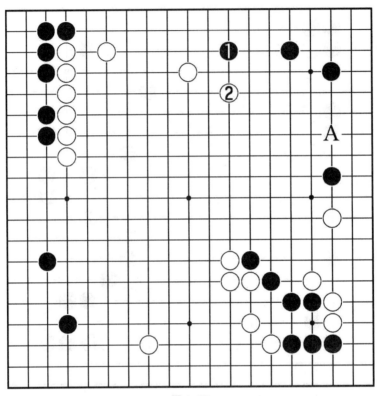

图 4-38

（图4-38）黑1拆大场是一般着想，此时却缺少一些构想。

白于2位镇，既可扩大中央，又可向右下白棋送去援军，同时还瞄有A位打入的可能性。黑即使在上边获得一些实地也不理想。

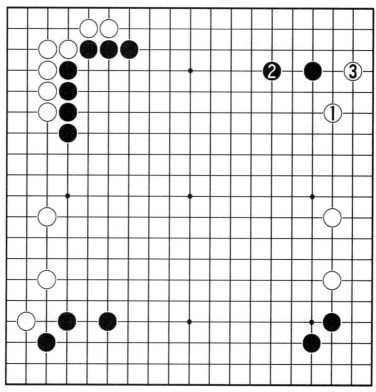

图 4-39

（图4-39）此局面可明显地看出白获实利，黑获厚味。

现在，右上角白1挂，白3飞角。在此布局中，左上黑厚味是焦点。

此时黑有很漂亮的构思，请读者好好考虑一下。

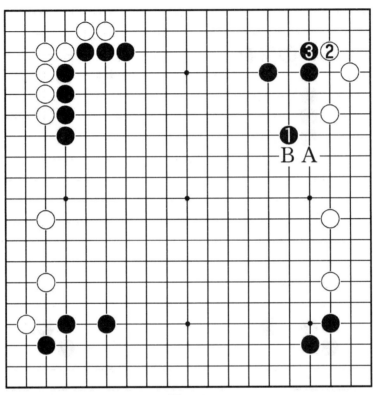

图 4-40

（图4-40）黑1大飞，是随机应变的漂亮一手。若按一般定式下法来考虑，被白2占三三会认为实地受损。但是，左上的厚味和右上相呼应时，扩展中央的模样，要比获得角上的实利更有价值。

黑3之后，白如A位飞，则黑B压继续强化中央，很充分。

黑1之所以是漂亮的一手，是因为既扩张了上边的黑模样，又把右边白地限制在低位，有一箭双雕的妙味。

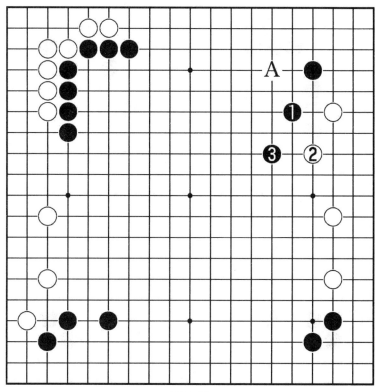

图 4-41

（图4-41）黑1、3也是一种构思。

白2若飞应，则黑进一步于3位镇，黑也充分可下。

本图是当初黑不在A位跳，而直接于1位镇，这也是实战中常见的一手。

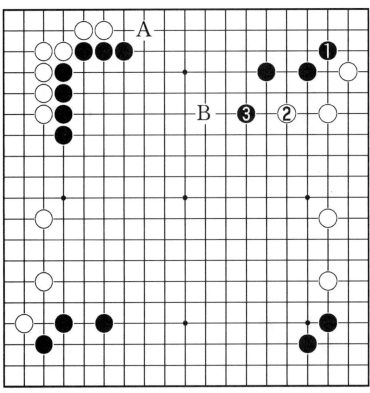

图 4-42

（图4-42）黑1应虽是定式，但在此局面是不充分的下法。

白2跳是绝好点，既扩张了右边的白模样，又限制了上边黑模样。黑3镇虽仍是好点，但有姗姗来迟之感。

由于白有A位侵入的余地，又有B位一带浅消的手段，黑不满意。